멋스러운 옛시조
흥겨운 우리 노래

《멋스러운 옛시조 흥겨운 우리 노래》는 초등학교 교과서의 이런 단원과 관련이 깊어요

📖 **3학년 1학기 국어**
  1. 감동의 물결

📖 **3학년 2학기 국어**
  1. 마음으로 보아요

📖 **4학년 1학기 국어**
  1. 생생한 느낌 그대로

📖 **4학년 2학기 국어**
  1. 감동이 머무는 곳
  7. 삶의 향기

📖 **5학년 1학기 국어**
  1. 문학의 즐거움

📖 **5학년 2학기 국어**
  7. 이야기와 삶

📖 **6학년 1학기 국어**
  1. 상상의 세계

📖 **6학년 2학기 국어**
  1. 문학과 삶
  7. 즐거운 문학

오십 빛깔 우리 것 우리 얘기 46

멋스러운 옛시조
흥겨운 우리 노래

우리누리 글 • 홍우리 그림

주니어중앙

추천의 말

어린이가 꿈을 키우는 터전

꿈 많은 어린 시절엔 장대한 역사와 위대한 문화유산에 관한
책을 읽는 것이 좋다.
거기에는 어린이가 꿈을 키우는 터전이 있기 때문이다.
감수성 예민한 어린 시절엔 흥미로운 그림을 통하여
재미있게 이야기를 풀어 간 책이 좋다.
그것은 시각적 인식을 통해 어린이의 상상력을 자극하기 때문이다.
『오십 빛깔 우리 것 우리 얘기』는 이런 필요조건을 갖춘
고급 어린이 교양도서라 할 만한 것이다.

유홍준
(전 문화재청장, 현 명지대 교수,
『나의 문화유산 답사기』 저자)

이 책을 추천해 주신 선생님들

● 전래 놀이, 풍속과 관련된 수업에 활용하고 있습니다. 옛 풍속과 관련해서 요즘에는 잘 사용하지 않는 용어들이 있어서 아이들이 어려워하는데, 이 책에는 사진 자료와 함께 쉽고 정확하게 설명이 되어 있어 아이들이 이해하기 쉽게 되어 있습니다.
― 손영수 선생님(가사초등학교)

● 아이들이 우리의 전통문화를 쉽게 접할 수 있도록 도움을 주는 소중한 자료입니다. 우리 학교의 독서 퀴즈 대회에서 매년 사용하는 책이랍니다.
― 성주영 선생님(도당초등학교)

● 우리의 옛 풍습과 문화, 관혼상제 등에 대해 자세히 설명되어 있어 수업을 하기 전에 미리 읽어 오라고 하는 도서입니다.
― 전은경 선생님(용산초등학교)

● 우리의 문화와 역사를 초등학생들이 이해하기 쉽도록 재미있는 옛이야기로 풀어낸 점이 가장 마음에 듭니다. 초등 교과와 연계된 부분이 많아 학교 수업에 많이 활용하는 도서입니다.
― 한유자 선생님(삼일초등학교)

김임숙 선생님(팔달초)	조윤미 선생님(화양초)	이경혜 선생님(군포초)	염효경 선생님(지동초)
오재민 선생님(조원초)	박연희 선생님(우이초)	박혜미 선생님(대평중)	이진희 선생님(수일초)
최정희 선생님(온곡초)	정경순 선생님(시흥초)	박현숙 선생님(중흥초)	김정남 선생님(외동초)
이광란 선생님(고리울초)	김명순 선생님(오목초)	신지연 선생님(개포초)	심선희 선생님(상원초)
문수진 선생님(덕산초)	정지은 선생님(세검정초)	정선정 선생님(백봉초)	김미란 선생님(둔전초)
김미정 선생님(청덕초)	조정신 선생님(서신초)	김경아 선생님(서림초)	김란희 선생님(유덕초)
정상각 선생님(대선초)	서흥희 선생님(수일중)	윤란희 선생님(안산시근로자시민문화센터어린이도서관)	

『오십 빛깔 우리 것 우리 얘기』를 펴내며
향기를 오롯이 담아낸 그릇

『오십 빛깔 우리 것 우리 얘기』 시리즈가 처음 출간된 지 어느덧 16년이 되었습니다. 그동안 수많은 어린이와 부모님 그리고 선생님들의 사랑을 받으며 전 50권이 완간되었고, 어린이 옛이야기 분야의 고전(古典)이자 스테디셀러로 굳건히 자리매김해 왔습니다.

이 시리즈는 '소중히 지켜야 할 우리 것'에 대한 이야기를 어린이를 위해 '쉽고 재미있게' 풀어쓴 책입니다. 내용으로는 선조들의 생활과 풍습 이야기, 문화재와 발명품 이야기, 인물과 과학기술·예술작품 이야기, 팔도강산과 고유 동식물 이야기 등 우리나라 역사와 전통문화 모든 영역을 총망라하고 있습니다. 그리고 이를 50가지 주제로 엮어 저학년 어린이도 얼마든지 볼 수 있도록 맛깔나는 옛이야기로 담아냈습니다. 장대한 역사와 위대한 문화유산을 배우기에 옛이야기만큼 좋은 형식도 없기 때문입니다.

대한민국 국민으로서 알아야 하고 전해야 할 우리 것, 우리 얘기는 아주 많습니다. 그동안 이 시리즈를 통해 많은 어린이가 우리 것을 알게 되고, 우리 얘기를 사랑하게 되었을 것입니다. 시간이 흘러도 역사와 전통문화의 향기는 변하지 않기 때문입니다.

하지만 저희는 그 향기를 담아내는 그릇이 그간 색이 바래고 빛을 잃었다는 사실에 가슴이 아프고 안타까웠습니다. 그래서 책에서 전하는 우리 것의 향기를 오롯이 담아낼 수 있는 새로운 그릇을 찾고자 하였습니다. 그 그릇을 통해 향기가 더욱 그윽해지고 멀리까지 퍼져서 수백 년, 수천 년 전의 우리 것이 오늘날에도 살아 숨 쉴 수 있도록 생명력을 주고자 하였습니다.

이에 몇 가지 원칙을 가지고 『오십 빛깔 우리 것 우리 얘기』 시리즈를 새롭게 출간하게 되었습니다.

◎ 원작이 가지는 옛이야기의 맛과 멋을 그대로 살렸습니다.
◎ 요즘 독자들의 감각에 맞추어 디자인과 그림을 50권 전권 전면 개정하였습니다.
◎ 교과 학습의 길잡이가 될 수 있도록 연계 교과를 표시하였습니다.
◎ 학습정보 코너는 유익함과 재미를 함께 줄 수 있도록 4컷 만화, 생생 인터뷰, 묻고 답하기 등으로 내용을 재구성하였고, 최신 정보와 사진을 수록하였습니다.
◎ 도표, 연표, 역사신문, 체험학습 등으로 권말부록을 풍성하게 꾸며서 관련 교과 학습을 강화하였습니다.

이 책을 처음 읽었을 8살 꼬마 독자는 지금쯤 나라와 민족에 긍지를 가진 25살 자랑스러운 대한민국 청년이 되었을 것입니다. 그 청년이 부모가 되어서도 자녀에게 다시 권할 수 있는 그런 책이 되기를 바라며, 이 시리즈를 오십 빛깔 그릇에 정성껏 담아 내어놓습니다.

주니어중앙

글쓴이의 말

조상들의 삶이 담긴 옛 노래

　노래를 하면 신이 나요. 어깨가 들썩이고, 입가에 웃음이 어리지요. 그래서일까요, 우리 조상들은 까마득한 옛날부터 노래를 즐겼어요. 기쁠 때는 행복의 노래를, 슬플 때는 위로의 노래를, 힘들 때는 희망의 노래를 불렀지요. 오늘날 그 노래들은 시조나 가사, 또는 민요 등으로 전해 내려오고 있답니다.

　아주 먼 옛날, 우리 조상들은 다 함께 입을 모아 노래하며 하늘에 소원을 빌었어요. '이 노래를 듣고 하늘이 우리 소원을 들어줄 거야.' 하는 믿음이 있었기 때문이에요.

　신라 시대에는 한자의 음과 뜻을 빌어 우리말 노래를 지었어요. 오늘날 전해지는 향가가 바로 그것이지요.

　고려 시대에 서민들은 아름다운 사랑 노래, 신 나고 흥겨운 노래, 슬픈 이별 노래를

　많이 지어 불렀어요. 이 노래들은 입에서 입으로 전해져 널리 퍼져 나갔어요. '나를 두고 가시려나요.'라는 내용의 〈가시리〉 같은 노래는 서민들 사이 최고의 인기곡이었답니다.
　고려 시대의 귀족들은 자신의 마음을 멋스러운 시조로 읊조렸고, 함께 모여 한 사람씩 차례로 경치를 노래하기도 했어요. 자연을 벗 삼아 사는 여유로운 삶을 노래하는가 하면, 여행하며 보고 느낀 것을 노래로 짓기도 했지요.
　조선 시대에 한글이 널리 쓰이게 되자 서민들은 한글로 재미나고 유쾌한 노래를 지어 부르기 시작했어요. 마음에 둔 도령이 올 때마다 눈치 없이 짖는 개를 나무라는 노래, 못된 시어머니와 남편을 원망하는 노래, 얄미운 며느리를 흉보는 노래 등을 지어 불렀지요.
　이 책에는 우리 조상들이 즐겨 부른 노래와 그에 얽힌 재미난 이야기들이 실려 있어요. 이야기를 읽다 보면 조금씩 우리 노래와 옛시조에 대해 알게 될 거예요. 자, 이제 멋스러운 옛시조, 흥겨운 우리 노래를 감상해 볼까요?

어린이의 벗, 우리누리

차례

바다 용에게 끌려간 부인을 구하는 노래 해가 12
백두 낭자·한라 도령과 함께 만나는 우리 운문 문학
소원을 빌며 다 함께 부른 고대 가요 22

달님에게 소원을 비는 노래 원왕생가 24
백두 낭자·한라 도령과 함께 만나는 우리 운문 문학
향찰로 기록된 우리 노래 향가 34

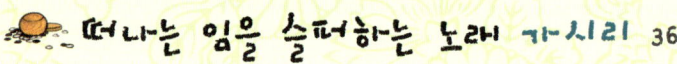

떠나는 임을 슬퍼하는 노래 가시리 36
백두 낭자·한라 도령과 함께 만나는 우리 운문 문학
서민들의 사랑 노래 고려 속요 46

문인들의 멋을 한껏 뽐낸 노래 한림별곡 48
백두 낭자·한라 도령과 함께 만나는 우리 운문 문학
귀족들이 지어 부른 경기체가 58

꿋꿋한 충성의 마음을 담은 노래 단심가 60
백두 낭자·한라 도령과 함께 만나는 우리 운문 문학
신진 사대부가 즐겨 지은 평시조 70

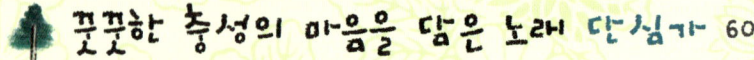

조선을 기리는 우리말 노래 용비어천가 72
백두 낭자·한라 도령과 함께 만나는 우리 운문 문학
궁중 음악의 노랫말 **악장** 82

자연을 벗 삼아 부르는 노래 오우가 84
백두 낭자·한라 도령과 함께 만나는 우리 운문 문학
길게 이어지는 시조 **연시조** 96

얄미운 개를 나무라는 노래 개를 여남은이나 기르되 98
백두 낭자·한라 도령과 함께 만나는 우리 운문 문학
서민들이 즐겨 지은 **사설시조** 110

여행하며 보고 느낀 것을 담은 노래 관동별곡 112
백두 낭자·한라 도령과 함께 만나는 우리 운문 문학
양반들이 즐겨 지은 긴 노래 **가사** 124

해녀들의 입에서 입으로 전해진 노래 이어도 타령 126
백두 낭자·한라 도령과 함께 만나는 우리 운문 문학
서민들에게 힘이 되어 준 **민요** 138

교과가 튼튼해지는 우리 것 우리 얘기 140
부록   훌륭한 옛 시인들

바다 용에게
끌려간 부인을 구하는 노래
해가

먼 옛날, 신라에서 있었던 일이에요. 신라의 귀족인 순정공에게는 수로 부인이라는 아리따운 아내가 있었어요. 수로 부인은 칠흑같이 까만 머리카락에 눈처럼 하얀 피부, 꽃잎처럼 붉은 입술을 갖고 있었어요. 크고 맑은 눈동자에는 웃음이 서려 있어 사람들의 마음을 설레게 했지요.

수로 부인이 나들이를 나가면 사람들은 먼발치에서라도 수로 부인을 보고 싶어 안달복달했어요.

"방금 보았소? 하늘 나라의 선녀님인 줄 알았소."

"어쩌면 저리 고우실까."

그러던 어느 날, 순정공이 강릉의 태수가 되어 강릉으로 떠나게 되었어요. 순정공은 아름다운 부인과 신하들, 하인들을 이끌고 서라벌을 떠나 강릉으로 향하였어요.

어느덧 순정공 일행은 바닷가에 다다랐어요. 순정공이 부인에게 말했어요.

"부인, 잠시 쉬어 가며 점심을 합시다."

일행이 멈춘 길 바로 옆에는 붉은 바위가 마치 병풍처럼 둘러쳐진 절벽이 있었어요. 깎아 세운 듯 몹시 가파르고 험한 바위 절벽이었어요. 얼마나 높은지 도무지 짐작도 할 수 없었지요.

그런데 무시무시한 절벽 꼭대기에는 크고 탐스러운 진분홍 철쭉이 활짝 피어 있었어요. 수로 부인은 절벽 위의 철쭉을 보고 감탄하며 말했어요.

"어쩜 저리 곱고 아름다울까. 누가 나를 위해 저 꽃을 꺾어다 주겠어요?"

순정공이 곤란한 얼굴로 말했어요.

"절벽이 너무 높고 험하구려."

신하들과 하인들도 고개를 조아리며 말했어요.

"죄송하오나 저 절벽은 험해서 사람이 오를 수 없습니다."

수로 부인은 절벽 위의 철쭉을 안타깝게 쳐다봤어요.

"아아, 저 꽃을 가져다줄 사람이 아무도 없단 말인가요."

이때 암소를 끌고 길을 지나가던 노인이 수로 부인의 탄식을 듣고 발걸음을 멈추었어요.

"부인, 부인께서 시골 늙은이가 바치는 꽃이라고 부끄럽게 여기지 않으신다면, 저 꽃을 꺾어 바치겠습니다."

수로 부인이 말했어요.

"그런 것은 조금도 부끄럽지 않습니다."

수로 부인의 말이 떨어지기 무섭게 노인은 날렵하게 절벽을 올라 철쭉을 꺾었어요. 이 모습을 본 사람들이 입을 떡 벌렸지요. 노인은 절벽에서 가뿐히 내려와서는 수로 부인에게 공손히 꽃을 바치며 노래를 불렀어요.

자줏빛 바위 가에 손에 잡은 암소를 놓게 하시고
나를 아니 부끄러워하시면 꽃을 꺾어 바치오리다

수로 부인은 기뻐하며 노인에게서 철쭉을 받았어요.
노인은 다시 암소를 이끌고 훠이훠이 사라졌지요.
순정공은 길 안내를 하는 근처 마을 젊은이에게 물었어요.
"저 노인이 누구인지 아느냐?"
"한 번도 뵌 적 없는 분입니다."
근방에 사는 사람들에게 모두 물어보았으나 대답은 하나같이 모른다는 것이었어요. 정말 희한한 일이었지요.
순정공 일행은 다음 날도 강릉을 향해 갔어요. 점심때가 되자,

바닷가와 닿아 있는 정자에서 점심을 먹었어요.

그런데 갑자기 바다가 쩍 갈라지더니, 커다란 용이 솟구치는 게 아니겠어요? 머리에는 기다란 뿔이 하늘을 향해 솟아 있고, 온몸이 단단한 비늘로 덮여 있는 커다란 용이었어요. 사람들은 깜짝 놀라 그 자리에 얼어붙었어요.

용은 순식간에 수로 부인을 한 손으로 낚아챘어요.

"안 돼!"

순정공이 부인을 붙잡으려고 바다로 뛰어들다 발을 헛디뎌 넘어졌어요. 그 틈에 용은 수로 부인을 데리고 바닷속으로 스윽 들어가 버렸어요.

"부인!"

순정공이 안타깝게 수로 부인을 불렀어요. 순정공의 외침에 사람들이 정신을 차렸지만 때는 이미 늦었지요.

그때 한 노인이 나타났어요. 전날 만났던 노인 같기도 했고, 다른 노인 같기도 했지요. 노인은 순정공에게 이렇게 말했어요.

"옛말에 '여러 사람의 말은 무쇠도 녹인다.'라고 했습니다. 바다에 사는 용인들 여러 사람의 입을 두려워하지 않겠습니까? 마을 백성들을 모아 노래를 지어 부르면서 지팡이로 땅을 두드리십시오. 그리하면 부인을 다시 볼 수 있을 것입니다."

이 말을 들은 순정공은 신하들과 하인들에게 외쳤어요.
"마을 백성들을 불러 모아라! 모두 서둘러라!"
이윽고 많은 사람이 바닷가 언덕에 모여들었어요. 사람들은 지팡이로 땅을 쿵쿵쿵 두드리며 노래를 불렀어요.

거북아 거북아 수로 부인을 내놓아라
남의 아내를 빼앗아 간 죄 얼마나 큰가
네가 만약 말을 듣지 않고 내놓지 아니하면
그물로 잡아서 구워 먹으리라

　이 노래가 〈해가〉예요. 남의 부인을 멋대로 데리고 간 바다 용을 나무라는 노래이지요.

　사람들의 간절한 바람이 실린 노래는 결국 용을 바닷속에서 끌어냈어요. 용은 손에 수로 부인을 받친 채 바다 위로 솟구쳐 오르더니, 부인을 순정공 앞에 바치고는 조용히 사라졌어요.

　순정공이 부인의 손을 꼭 쥐며 말했어요.

　"부인, 몸은 괜찮소?"

　수로 부인은 빙긋 웃으며 말했어요.

　"바닷속 구경을 잘하고 왔답니다."

　"바닷속은 어떠하오?"

　"무척이나 아름답더이다. 궁전은 금과 은, 유리와 수정, 하얀

조개껍데기와 눈부신 산호로 꾸며져 있었습니다. 궁전에서 나온 음식들은 또 어찌나 향기로운지, 먹지 않고는 견딜 수가 없었답니다."

말을 하는 수로 부인의 몸에서 푸른 바다 향이 흘러나왔어요. 이 세상 어디서도 맡아볼 수 없는 신비한 향이었지요.

순정공은 노인에게 감사의 인사를 하려고 했어요. 하지만 노인은 이미 사라지고 없었어요.

"여봐라, 내 옆에 있던 노인장은 어디로 갔느냐?"

신하들도 하인들도 하나같이 대답하지 못했어요. 순정공은 사람을 시켜 노인을 찾아보도록 했지만 아무리 애를 써도 노인은 찾을 수 없었어요.

그 뒤로도 수로 부인은 빼어난 아름다움 때문에 편할 날이 없었어요. 깊은 산이나 큰 연못가를 지날 때마다 신령한 동물들에게 끌려가곤 했지요. 이때마다 순정공은 노인이 알려준 대로 여러 사람을 모아 함께 〈해가〉를 불러 수로 부인을 되찾았답니다.

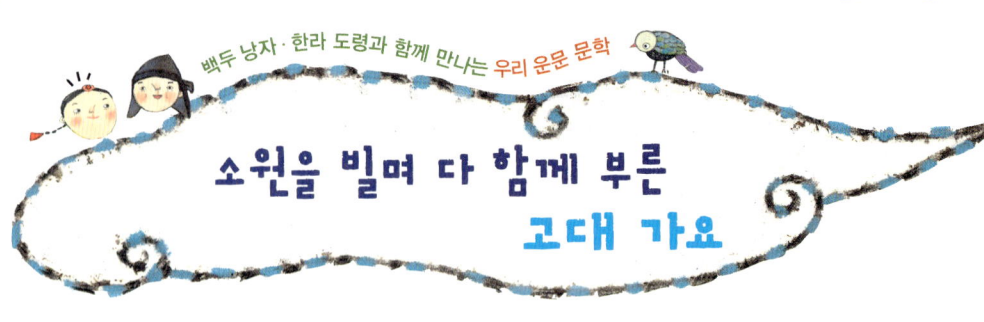

소원을 빌며 다 함께 부른 고대 가요

백두 낭자·한라 도령과 함께 만나는 우리 운문 문학

　삼국 시대 이전에 지어진 우리 노래를 '고대 가요'라고 해요. 물론 그 옛날에는 우리글이 없었기 때문에 노래를 남길 방법이 없었어요. 그래서 오랫동안 입에서 입으로만 전해지다가, 훨씬 나중에야 글로 기록되었지요.

　고대 가요는 다 함께 일을 하거나, 하늘에 제사를 지낼 때에 많이 불렸어요. 특히 하늘에 제사를 지낼 때면 모든 사람이 한마음으로 노래를 부르고 춤을 추었지요. 춤과 노래로 신을 기쁘게 해서 나쁜 귀신을 쫓고 복을 받으려 한 거예요.

　이와 같은 마음이 담긴 고대 가요로 〈구지가〉가 있어요. 〈구지가〉는 가야 건국 신화에 등장하는 노래로, 《삼국유사》에 실려 있지요.

거북아 거북아
네 머리를 내놓아라
만약에 내놓지 않으면
구워 먹어 버리리

백성들은 하늘에 왕을 내려 달라고 빌면서 구지가를 불렀어요.

백성들의 노랫소리가 하늘에 닿자 황금알 여섯 개가 담긴 상자가 내려왔어요. 그 알에서 태어난 왕자들이 여섯 가야의 왕이 되었지요.

고대 가요는 여럿이 함께 부르던 노래에서 점차 개인의 마음을 노래하는 쪽으로 변해 갔어요. 대표적으로 물에 빠져 죽은 남편을 그리워하며 한 여인이 부른 〈공무도하가〉, 둘째 왕비가 첫째 왕비와 다투고 떠나 버린 것을 슬퍼하며 유리왕이 부른 〈황조가〉, 장사를 나간 등짐장수 남편을 염려하며 그 부인이 부른 〈정읍사〉 등이 있답니다.

김해시에는 금관가야의 시조이자 김해 김씨의 시조인 수로왕의 무덤이 있어요.

달님에게 소원을 비는 노래

원왕생가

신라 문무왕 때 일이에요. 광덕과 엄장이라는 두 스님이 깊은 산속에서 불도를 닦고 있었지요.

하루는 광덕 스님이 엄장 스님에게 물었어요.

"광덕, 자네가 가장 바라는 게 뭔가?"

"그야 죽은 다음 극락에 다시 태어나는 거지."

"나도 그러하네. 우리 꼭 극락에서 다시 만나세."

"그래. 꼭 그리하세."

'극락'이란 아미타 부처님이 계신 서쪽 세계예요. 이곳에 사는 사람들은 누구나 황금빛이 나는 아름다운 몸과 깊은 지혜를 갖고 있다고 해요. 또 몸과 마음의 괴로움이 없고, 영원히 즐겁게 살 수 있다고 하지요.

광덕 스님과 엄장 스님은 죽어서 극락에 다시 태어나길 바라며 더욱더 열심히 공부하고 염불을 외었어요.

"나무아미타불, 나무아미타불."

절에서는 밤늦게까지 낭랑하게 외우는 염불 소리가 끊이지 않았지요. 그렇게 한 해, 두 해 세월이 흘렀어요.

그러던 어느 달 밝은 밤이었어요. 서쪽으로 기우는 달을 한참이나 보고 있던 광덕 스님이 노래를 한 수 지어 불렀어요.

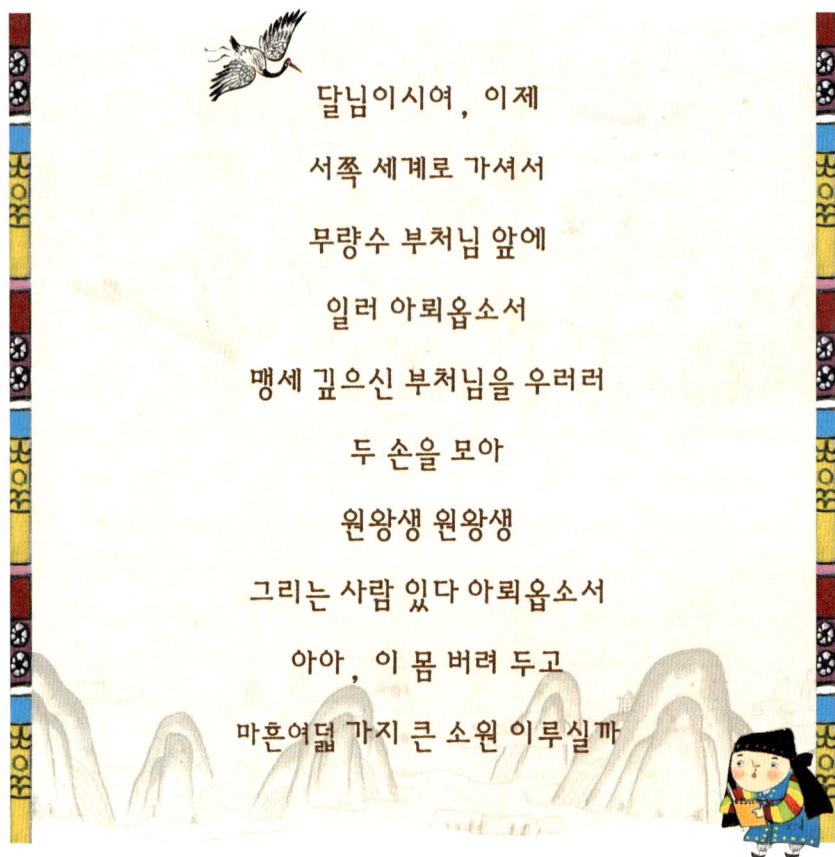

달님이시여, 이제

서쪽 세계로 가셔서

무량수 부처님 앞에

일러 아뢰옵소서

맹세 깊으신 부처님을 우러러

두 손을 모아

원왕생 원왕생

그리는 사람 있다 아뢰옵소서

아아, 이 몸 버려 두고

마흔여덟 가지 큰 소원 이루실까

이 노래가 바로 〈원왕생가〉예요. '극락에 다시 태어나 살기를 바라는 노래'라는 뜻의 제목이지요.

이 노래의 내용을 자세히 풀이하면 아래와 같아요.

서쪽으로 지는 하늘의 달님이시여, 이제

아미타 부처님이 계신 서쪽 극락세계로 가시려나요.
가시면 제발 무량수 부처님(아미타 부처님)께
말씀드려 주시옵소서.
맹세를 꼭 지키시는 아미타 부처님께
두 손을 모아 간절히 비옵니다.
죽어서 극락세계에 다시 태어나 살기를 바라옵고,
죽어서 극락세계에 다시 태어나 살기를 또 바라옵니다.
달님이시여, 서쪽 극락세계로 가시거든
열심히 염불을 외우며 극락에 가기를 바라는 사람이
여기 있다고 아미타 부처님께 말씀드려 주시옵소서.
아아, 저와 같은 사람을 극락으로 보내주지 않으시면,
아미타 부처님께서는 스스로 하신
마흔여덟 가지 큰 소원을 못 이루실지도 모릅니다.

광덕의 노래가 끝나자 엄장이 고개를 끄덕이며 말했어요.
"자네의 노래가 꼭 내 마음 같으이. 광덕, 약속 하나 해 주게."
"무슨 약속 말인가?"
"자네가 먼저 극락세계에 가게 되걸랑 나에게 꼭 알리고 길을 떠나야 하네."

"자네나 말없이 극락으로 가 버리지 말게나."

광덕 스님은 이렇게 말하며 싱긋 웃었어요.

그런데 며칠 뒤 깜짝 놀랄 일이 생겼어요. 광덕 스님이 절 노비를 부인으로 들이고는 근처의 작은 마을로 내려간 거예요. 광덕 스님은 그곳에 숨어 살면서 짚신을 삼아 팔며 살아갔어요.

"자네, 함께 극락에 가자던 약속을 잊은 겐가?"

엄장 스님이 찾아가 묻자, 광덕 스님은 고개를 가로저었어요.

"여기서 계속 수련할 터이니 걱정하지 말고 가시게."

"부인을 두고 어떻게 몸과 마음을 닦는단 말인가……. 쯧쯧."

엄장 스님은 혀를 차며 광덕 스님의 집을 나왔어요. 그리고 산속에 암자를 짓고 농사를 지으며 살아갔어요. 정성껏 염불하고 몸과 마음을 닦는 일도 게을리하지 않았지요.

다시 십여 년의 세월이 흘렀어요. 어느 날 저녁 엄장 스님이 붉게 타오르는 노을을 보며 산책을 하고 있을 때였어요. 갑자기 하늘에 구름이 뭉게뭉게 모여들더니, 어디선가 신비로운 음악이 흘러나오며 한줄기 환한 빛이 땅을 비추었어요. 그리고 하늘에서 광덕 스님의 목소리가 들려왔어요.

"나는 먼저 극락으로 가네. 자네도 어서 따라오게나."

엄장 스님이 깜짝 놀라 소리쳤어요.

"광덕, 광덕 자네가 정말 극락에 간단 말인가?"

그날 밤 엄장 스님은 한숨도 자지 못했어요. 엄장 스님은 날이 밝자마자 부리나케 광덕 스님의 집으로 찾아갔지요.

"계십니까?"

"들어오시지요."

광덕 스님의 부인이 엄장 스님을 맞이했어요. 과연 방안에는 광덕 스님이 단정히 앉은 채 죽어 있었어요.

"언제 가셨습니까?"

"어제저녁 붉은 노을이 하늘을 물들일 무렵 떠나셨습니다."

"역시 그렇군요. 나무아미타불."

엄장 스님은 부인을 도와 광덕 스님을 화장했어요.

그런데 곱고 아리따운 광덕 스님의 부인을 보니 엄장 스님의 마음이 여간 흔들리는 게 아니었어요.

'부인과 십여 년을 함께 산 광덕도 극락에 갔는데, 내가 부인과 산다고 해서 못 갈 건 또 뭔가.'

이런 생각이 들자 엄장 스님은 가만히 있을 수가 없었어요.

"부인, 혼자된 부인을 두고 가려니 내 발이 떨어지지 않소. 광덕과 나는 절친한 친구로 서로 가릴 것이 없었다오. 그러니 부인이 광덕과 살았듯 나와 함께 사는 게 어떻겠소?"

"그 말에 따르겠습니다."

부인이 대답했어요.

'옳거니.'

엄장 스님은 기뻐하며 말했어요.

"그럼 오늘 밤은 여기서 자고 내일 암자로 떠납시다."

그날 밤 부인은 방안에 이불 두 채를 깔았어요. 이를 본 엄장 스님이 부인 곁으로 다가가 말했어요.

"한 채만 깔지 무엇하러 두 채를 까시오?"

부인이 깜짝 놀라 엄장 스님을 보았어요. 그리고 곧 엄숙하게 말했어요.

"남편은 저와 단 한 번도 한 이부자리에 든 적이 없습니다. 밤마다 단정히 앉아 나무아미타불 염불을 외거나 마음을 닦았지요. 그러니 어찌 극락에 가지 않았겠습니까?"

이 말을 들은 엄장 스님의 얼굴이 빨갛게 달아올랐어요. 부끄러워 쥐구멍에라도 숨고 싶은 마음이었어요. 부인은 단정한 목소리로 말을 이었어요.

"천 리 길을 가는 사람은 그 첫걸음에서부터 알 수 있는 법인데, 지금 스님의 행동을 보니 극락에 가기가 나무에서 물고기를 구하려는 것만큼이나 어렵겠습니다."

엄장 스님은 마음속으로 깊이 탄식했어요.

'아뿔싸, 내가 지금 큰 실수를 할 뻔했구나.'

엄장 스님은 벌떡 일어나 부인에게 큰절을 하였어요.

"감사합니다! 덕분에 큰 깨달음을 얻었습니다."

그 뒤 엄장 스님은 한마음 한뜻으로 염불을 외며 몸과 마음을 바르게 닦았어요. 그리하여 몇 년 뒤, 엄장 스님 또한 극락세계로 떠날 수 있었지요.

그리고 광덕 스님이 지은 〈원왕생가〉는 입에서 입으로 널리 퍼져 신라 백성들이 즐겨 부르는 노래가 되었답니다.

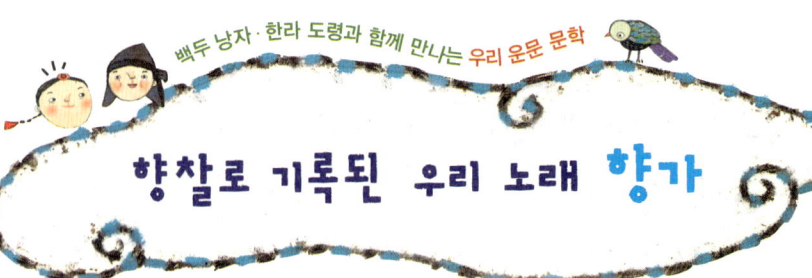

향찰로 기록된 우리 노래 향가

'향가'는 삼국 시대에 널리 불렸던 우리 고유의 노래예요. 향가의 가장 큰 특징은 '향찰'로 기록되었다는 점이에요. 향찰은 한자의 음과 뜻을 빌어서 우리말을 소리 나는 대로 적는 방법이에요. 아직 한글이 없던 때에 우리말을 글로 남기기 위해 만들어졌지요. 향가는 한자로 번역되지 않고 원래의 노랫말 그대로 전해 오는 가장 오래된 우리 노래랍니다.

향가 중에는 〈원왕생가〉처럼 불교적인 내용을 담은 노래가 많아요. 이는 스님들이 향가를 많이 지었기 때문이에요.

향가는 불교의 영향을 많이 받았어요.

또 향가는 형식이 정해져 있어서 처음에는 4줄로, 시간이 흐르며 8줄로, 신라 말기에는 10줄로 지어졌어요. 특히 10줄로 된 향가는 아홉 번째 줄에 꼭 '아아' 같은 감탄사가 들어가지요. 이런 일정한 형식이 있는 시를 '정형시'라고 하는데, 향가는 우리 옛 노래 최초의 정형시랍니다.

아래의 향가는 월명사라는 스님이 죽은 누이를 그리워하며 지은 〈제망매가〉예요. 노래를 읊으며 향가의 아름다움을 느껴 보아요.

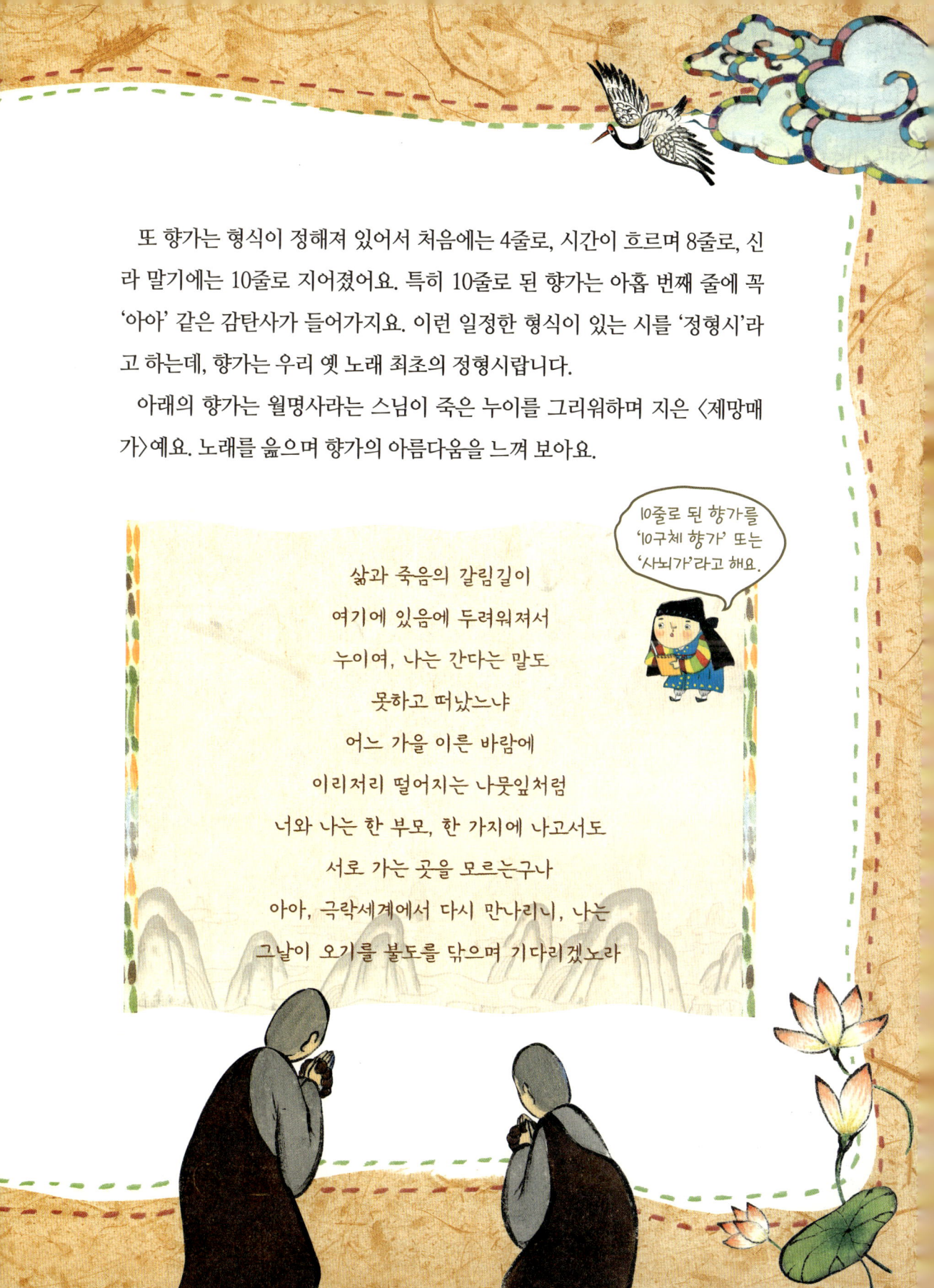

삶과 죽음의 갈림길이
여기에 있음에 두려워져서
누이여, 나는 간다는 말도
못하고 떠났느냐
어느 가을 이른 바람에
이리저리 떨어지는 나뭇잎처럼
너와 나는 한 부모, 한 가지에 나고서도
서로 가는 곳을 모르는구나
아아, 극락세계에서 다시 만나리니, 나는
그날이 오기를 불도를 닦으며 기다리겠노라

10줄로 된 향가를 '10구체 향가' 또는 '사뇌가'라고 해요.

떠나는 임을 슬퍼하는 노래

가시리

예성강이 흐르는 벽란도는 고려 시대에 커다란 무역항이었어요. 물건을 사고팔려는 송나라 상인들과 고려 상인들로 북적댔지요.

이날도 비단을 가득 실은 송나라 배 한 척이 벽란도로 들어왔어요. 이 배는 송나라 상인 하 두강의 배였지요. '두강'은 상인들의 대장을 일컫는 말이에요.

배에서 내린 하 두강은 우연히 한 아리따운 여인을 보았어요.

"아니, 고려에 저토록 아름다운 여인이 있었단 말인가!"

하 두강은 부하에게 급히 명령했어요.

"저 여인이 어디 사는지 잘 보고 오너라."

"예."

부하는 쏜살같이 여인의 뒤를 따라갔어요. 그리고 잠시 뒤 하 두강에게 달려왔지요.

"그래, 여인의 집은 어디냐? 무엇을 하는 여인이더냐?"

"그것이……, 결혼한 부인이었습니다."

부하의 말을 들은 하 두강은 눈앞이 깜깜해졌어요. 첫눈에 반한 여인이 하필 결혼한 부인이라니. 하 두강은 속이 상해 먹지도 마시지도 못하고 자리에 누워 끙끙 앓기만 했어요.

그렇게 며칠이 지났을까요? 하 두강의 딱한 모습을 본 한 부하가 하 두강에게 귀띔을 해 주었어요.

"소문을 듣자하니 여인의 남편이 바둑을 무척 좋아한답니다."

"그게 정말이냐?"

하 두강이 자리에서 벌떡 일어났어요. 하 두강은 바둑을 무척 잘 두었어요. 사람들이 신의 솜씨라며 혀를 내두를 정도였지요.

'여인의 남편을 내기 바둑으로 꾀어야겠군.'

이렇게 마음먹은 하 두강은 그 길로 여인의 집으로 찾아가서는 여인의 남편에게 공손히 말했어요.

"저는 송나라 상인 하 두강입니

다. 주인께서 바둑을 잘 두신다고 소문이 자자하던데, 한 수 가르쳐 주실 수 있으신지요?"

"그거 좋지요."

바둑을 좋아하는 남편은 흔쾌히 대답했어요.

'실력은 있지만, 나에 비하면 어린애 걸음마로군.'

하 두강은 남편의 실력을 금세 파악했어요. 그러나 시치미를 뚝 떼고, 일부러 내리 두 판을 져 주었어요.

"어이쿠, 제가 본디 내기 바둑을 좋아하는지라 무얼 걸고 하지 않으니 자꾸만 집니다. 저와 내기 바둑을 두지 않겠습니까?"

하 두강이 천연덕스럽게 말하자, 남편도 고개를 끄덕였어요.

"어디 해 봅시다."

하 두강은 이번에도 연달아 져 주었어요. 그것도 모르고 남편은 싱글벙글 웃으며 말했어요.

"하하, 제가 운이 좋았습니다."

"오늘은 안 되겠으니 내일 다시 오겠습니다."

하 두강은 순순히 물러났어요.

다음 날이 되자, 하 두강은 부하에게 비단 열 필을 지고 따라오게 했어요.

　여인의 집을 찾아간 하 두강이 말했어요.

　"오늘은 비단을 두고 내기를 하지요."

　하 두강이 눈짓하자 부하가 얼른 봇짐을 풀어 윤기가 자르르 흐르는 비단을 꺼내 보였어요.

　"어머나, 고와라."

　부인이 감탄하며 비단을 바라보았어요. 남편이 헛기침을 했어요. 두 사람의 눈이 욕심으로 흐려졌어요.

　"좋소. 어디 한번 두어 봅시다."

　하 두강은 한 판 두 판 계속해서 졌어요. 남편의 옆에는 비단이 한 필 두 필 쌓였어요. 옆에서 걱정스레 지켜보던 여인의 얼굴에 흐뭇한 미소가 어렸어요.

　드디어 가져온 비단 열 필을 모두 잃자, 하 두강은 짐짓 속상한 듯 말했어요.

"어허, 참. 아무래도 판이 작아 내가 진 것 같소. 어디 크게 한 판 벌여 보지 않으시겠소? 이번 판에 내 배를 걸겠소."

깜짝 놀란 남편이 말했어요.

"내가 가진 거라곤 이 집 한 채와 여기 있는 비단, 그리고 돈 몇 푼이 고작이오. 그러니 어찌 그런 큰 내기를 할 수 있겠소?"

"미인은 만금을 주고 얻어도 아깝지 않은 법! 당신은 아내와 저 비단 열 필을 거시오. 그 정도면 충분하오."

남편은 저도 모르게 꿀꺽 침을 삼켰어요. 내리 이기기만 했는데 다음 한 판이라고 못 이길까! 남편의 눈이 욕심으로 까맣게 물들 었어요. 부인이 불안해하며 속삭였어요.

"여보, 비단 열 필을 얻었으면 충분합니다. 욕심이 과하면 화를 입는다지 않던가요."

하지만 욕심에 사로잡힌 남편은 말을 듣지 않았어요. 오히려 큰 소리로 이렇게 외쳤지요.

"좋소이다. 하 두강, 약속을 물리면 안 됩니다."

두 사람은 마지막으로 내기 바둑을 두기 시작했어요. 하 두강은 그동안 숨겨 두었던 진짜 실력을 마음껏 드러내었고, 남편은 결국 내기에 지고 말았어요.

하 두강이 껄껄 웃으며 말했어요.

"이제 부인은 내 차지요."

그제야 남편은 퍼뜩 정신을 차렸어요.
"아뿔싸, 내가 무슨 일을 저지른 건가!"
하지만 후회해도 때는 이미 늦었지요. 하 두강은 부인을 자신의 배로 데려간 다음, 곧바로 배를 출발시켰어요.
"여, 여보."
부인이 울먹이며 남편을 불렀어요. 남편은 부인이 바다 멀리 멀어져 가는 걸 그저 바라볼 수밖에 없었어요. 남편은 바위에 제 머리를 쿵쿵 찧으며 구슬프게 울었어요.
"내가 미쳤지. 으흐흐, 내가 미쳤어."
마침내 부인을 실은 배가 수평선 너머로 사라지자, 남편은 처량하게 바다를 보며 노래를 불렀어요.

가시리 가시리잇고 나는

바리고 가리시잇고 나는

위 증즐가 대평성대

날러는 엇디 살라 하고

바리고 가시리잇고 나는

위 증즐가 대평성대

잡사와 두어리마나는

선하면 아니 올세라

위 증즐가 대평성대

설온 님 보내옵나니 나는

가시는 듯 돌아 오소서 나는

위 증즐가 대평성대

이 노래가 바로 〈가시리〉예요. 임을 떠나보내는 사람의 절절한 마음이 담겨 있지요. 여기서 '위 증즐가 대평성대'는 노래에 리듬을 주고 흥을 돋우는 후렴구로, 뜻을 지니고 있지 않아요.

〈가시리〉에 담긴 뜻을 자세히 풀이하면 아래와 같답니다.

가시렵니까 가시렵니까?
나를 버리고 가시렵니까?

당신이 떠나면 나는 어찌 살라고
나를 버리고 가시렵니까?

당신을 붙잡아 두고 싶지만
행여 그런 내가 싫어져 아니 돌아올까 봐
차마 붙잡지도 못합니다.

당신과의 이별이 서럽지만 꾹 참고 떠나보내오니
부디 저를 생각하여 가자마자 돌아와 주십시오.

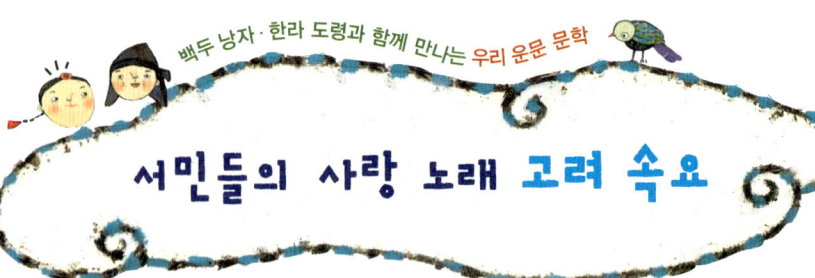

서민들의 사랑 노래 고려 속요

'고려 속요'는 입에서 입으로 전해 오던 고려 시대 서민들의 노래예요. 고려의 서민들은 거리낌 없이 자유롭고 솔직하게 남녀 사이의 사랑 이야기를 지어서 읊었어요.

> 쌍화점에 만두 사러 갔더니
> 회회아비 내 손목을 쥐네
> 이 소문이 가게 밖을 들락날락한다면
> 다로러거디러 조그만 새끼 광대 네 말이라 하리라
> 더러둥셩 다리러디러 다리러디러 다로러거디러 다로러

절마다 '더러둥셩 다리러디러'라는 경쾌한 후렴이 붙어요.

이 노래는 〈쌍화점〉이라는 고려 속요의 앞부분이에요. '만두가게(쌍화점)에 만두를 사러 갔더니, 서역 사람(회회아비)이 내 손목을 잡는구나. 혹시나 이 소문이 퍼진다면, 가게 안에 있는 어린 광대 네가 퍼뜨린 것이리라.'라는 내용이지요.

고려 속요는 여러 절로 나뉘고, 절마다 재미있는 후렴이 붙는 것이 특징이

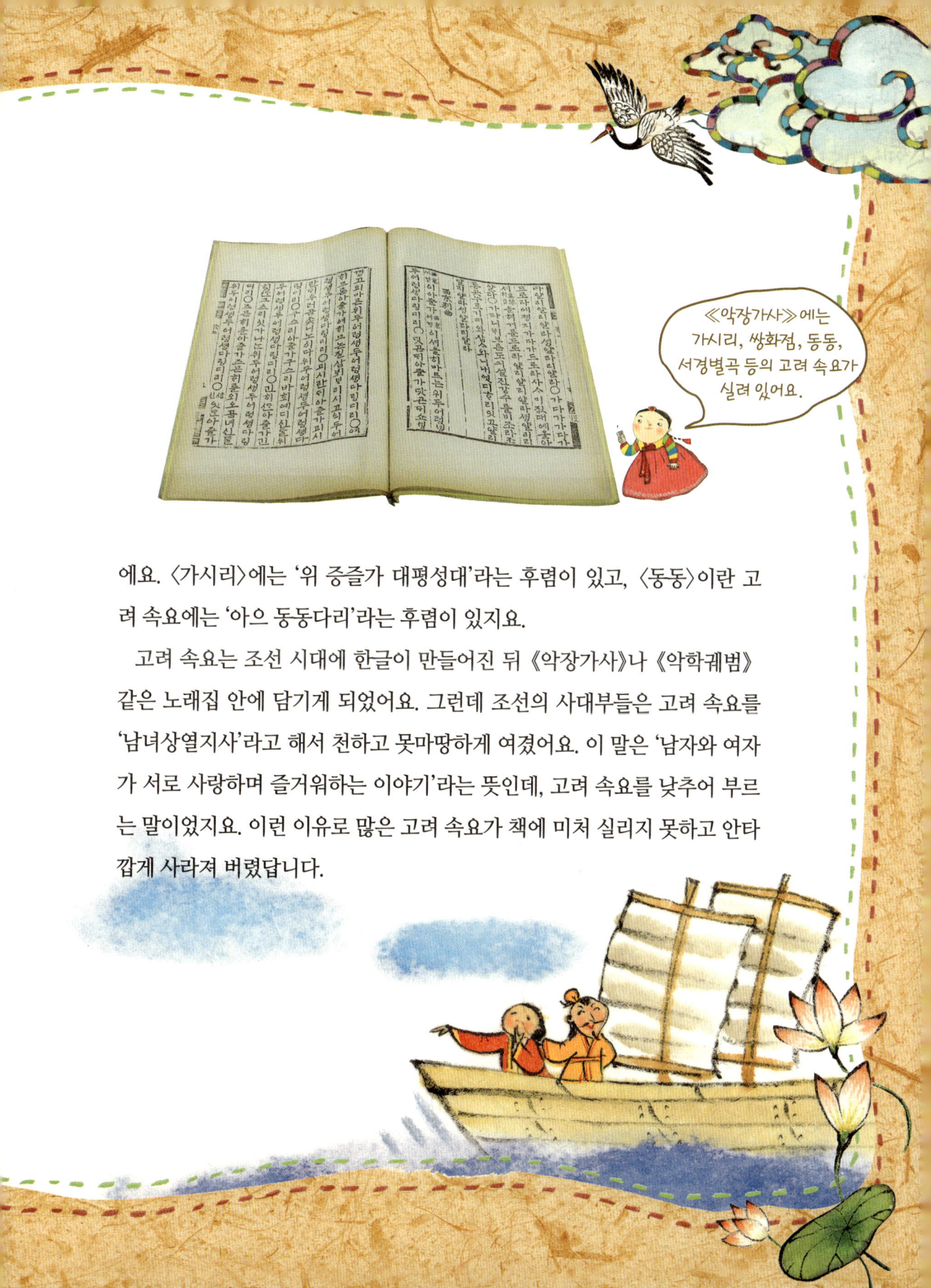

《악장가사》에는 가시리, 쌍화점, 동동, 서경별곡 등의 고려 속요가 실려 있어요.

에요. 〈가시리〉에는 '위 증즐가 대평성대'라는 후렴이 있고, 〈동동〉이란 고려 속요에는 '아으 동동다리'라는 후렴이 있지요.

　고려 속요는 조선 시대에 한글이 만들어진 뒤 《악장가사》나 《악학궤범》 같은 노래집 안에 담기게 되었어요. 그런데 조선의 사대부들은 고려 속요를 '남녀상열지사'라고 해서 천하고 못마땅하게 여겼어요. 이 말은 '남자와 여자가 서로 사랑하며 즐거워하는 이야기'라는 뜻인데, 고려 속요를 낮추어 부르는 말이었지요. 이런 이유로 많은 고려 속요가 책에 미처 실리지 못하고 안타깝게 사라져 버렸답니다.

문인들의 멋을 한껏 뽐낸 노래

한림별곡

음력 5월 5일 단오는 예부터 우리 민족이 즐기던 명절이었어요. 단오가 되면 여자들은 어여쁘게 단장하고 그네를 탔어요. 남자들은 씨름을 하며 신 나게 놀았고요.

고려 시대 고종 때의 일이에요. 단오를 맞아 권력가로 큰 힘을 발휘했던 최충헌이 궁중에서 그네뛰기를 곁들인 단오 맞이 잔치를 벌이기로 했어요. 높은 자리에 있는 관리들과 한림원의 학사들도 초청되어 모였지요.

"허허, 김 학사도 오셨군요."

"반갑습니다, 이 학사."

곧 흥겨운 잔치가 벌어졌어요. 어여쁜 무희들이 덩실덩실 춤을 추고, 궁궐 악사들이 흥겨운 노래를 연주했어요.

잔치가 열리는 곳 한쪽의 크고 굵은 나무에는 붉은 비단 줄로 그네가 매였어요. 붉은 치마, 파란 치마를 입은 무희 둘이 마주 타고 쌍그네를 뛰었고, 소년 시중이 무희들이 탄 그네를 힘껏 밀어 주었어요.

술자리가 무르익자, 누군가 큰 소리로 말했어요.

"자, 이렇게 즐거운 날, 여기 모인 문인들이 돌아가며 노래를 한 수씩 읊는 게 어떻겠습니까?"

"하하하, 좋습니다. 오늘 같은 날, 노래가 빠질 수 없지요."
"어디, 한 사람씩 돌며 즉석에서 1연씩 노래를 지어 볼까요?"
"그거 재미있겠습니다. 하하."
문인들은 즉석에서 노래를 지어 부르기로 했어요.
제일 먼저 젊은 한림학사 한 사람이 노래를 읊었어요. 글을 잘 짓는 훌륭한 문인들과 학문이 뛰어난 학자들, 그리고 이들의 뛰어난 문장을 기리는 내용이었어요.

문장을 잘 쓰는 유원순, 시를 잘 짓는 이인로,
사륙변려문을 잘 쓰는 이공로.
서로 운을 맞추어 뛰어난 글을 짓는 이규보와 진화.
대책문을 잘 짓는 유충기, 경서 풀이를 잘하는 민광균,
시와 부에 뛰어난 김양경.
아아, 이렇게 이름 높은 문인들이 과거 시험장에 나와
시험을 치르는 모습을 상상해 보십시오.
문장이면 문장, 시면 시, 어느 것 하나 훌륭하지 않은
글이 없을 것이니, 참으로 굉장한 경치가 되지 않겠습니까?
아아, 이들과 한림원의 학사 모두가 한림학사 승지이신
금의가 키운 제자들이랍니다. 참으로 많지 않습니까?

다음으로 옆자리에 앉아 있던 문인이 일어났어요.

"앞에서 문인들과 뛰어난 문장에 대해 노래하셨으니, 저는 책에 대해 한 수 읊겠습니다."

문인은 《당서》와 《한서》, 《장자》와 《노자》 같은 어려운 책들을

　열심히 공부하고 읽은 데서 오는 문인들의 자신감과 긍지를 노래로 지어 불렀어요. 그러자 다른 문인들이 고개를 끄덕이며 미소를 지었어요.

　이어 세 번째 문인이 일어서서 중국에서 만들어진 여러 가지 글씨체를 칭찬하며 노래하고, 뛰어난 명필들이 글을 쓰는 모습을 읊었어요. 문인들은 이때에도 "그렇지!", "옳다!" 하며 고개를 끄덕였어요. 술자리는 갈수록 흥겨워졌어요.

　네 번째로 일어선 문인은 그윽한 술맛에 취했는지 붉어진 얼굴로 노래를 읊었어요. 이번에는 학문에 관한 내용이 아니라, 술에 대한 노래였지요.

　문인의 입에서 술자리를 즐겁게 하는 귀족들의 멋거리와 풍류

가 멋지게 그려졌어요. 모두 흥에 겨워 즐거워하며 술잔을 들어 향긋한 술을 꿀꺽꿀꺽 마셨어요.

다섯 번째로 일어선 문인은 들고 있던 부채로 궁궐 한쪽에 아름답게 가꾸어진 꽃과 나무를 가리키며 노래를 읊기 시작했어요.

탐스럽게 핀 모란과 작약,
가지를 우아하게 늘어뜨린 능수버들,
몽글몽글 맺힌 옥매화와 장미 꽃봉오리,
지란과 영지의 향기, 쓸쓸히 떨어지는 동백 꽃잎.
아아, 이것들이 어우러진 경치는 얼마나 아름다운가요?
푸른 대나무와 붉은 꽃을 피운 복숭아나무.
아아, 이 고운 두 그루 나무가 서로 비추는 경치는
또 얼마나 아름다운가요?

사람들은 노래를 들으며 꽃과 나무의 아름다움에 감탄하고, 그 향기에 취했어요.

여섯 번째 문인은 흥겨운 악기 소리를 읊었고, 일곱 번째 문인은 아름다운 경치 속 미녀와 지저귀는 꾀꼬리를 읊었어요.

마지막으로 여덟 번째 문인이 주위를 둘러보며 일어섰어요.

"오늘은 5월 5일 단오가 아닙니까? 그러니 그네뛰기를 노래에서 빠트릴 수 없겠지요."

여덟 번째 문인은 목을 가다듬고 마지막 연을 읊었어요.

당나라에서 들어온 호두나무와 쥐엄나무에
붉은 비단 줄로 그네를 매었습니다.
소년 시종이여,
그네 탄 여인이 높이 뜨도록
그네 줄을 힘껏 당기고, 여인의 등을 힘차게 미십시오.
'아아, 저 먼 곳의 경치를 내가 제일 먼저 보았으면……'
이런 여인의 바람이 이루어지도록
그네를 힘껏 밀어 높이 띄워 주십시오.
마주 서서 함께 쌍그네를 타는 두 여인의 모습,
옥같이 가냘프고 어여쁜 두 여인의 손길을 바라봅니다.
아아, 두 여인이 서로 손을 맞잡고 그네를 타며 노는 모습,
얼마나 아름다운지 모릅니다!

단오에 벌어진 멋진 그네뛰기 광경을 노래하자 사람들은 크게 즐거워했어요. 잔치는 더욱더 흥겨워졌고, 초대된 손님들은 시간 가는 줄도 모르고 주거니 받거니 하며 술을 나누었지요.
 그 뒤 이 노래들은 〈한림별곡〉이라는 이름으로 조선 시대 노래책인 《악장가사》에 실리게 되었어요. 〈한림별곡〉은 지금까지 알려진 경기체가 가운데 가장 오래된 작품이랍니다.

백두 낭자·한라 도령과 함께 만나는 우리 운문 문학

귀족들이 지어 부른 경기체가

고려 시대에는 귀족 문학과 서민 문학이 뚜렷이 갈렸어요. 서민들이 우리말로 된 고려 속요를 지어 부를 때, 귀족들은 한문으로 글을 쓰고 노래를 지었지요. 이렇게 탄생한 것이 '경기체가'예요.

경기체가는 대부분 한문으로 지어졌고, 아주 길어요. 또 '그 경치 어떠합니까?'와 같은 후렴이 붙는다고 하여 '경기하여가'라 불리기도 하지요.

관동 팔경의 하나인 삼척 죽서루의 풍경이에요.

유명한 경기체가로 고려 말의 문신인 안축이 지은 〈관동별곡〉과 〈죽계별곡〉이 있어요. 〈관동별곡〉은 관동 지방의 아름다운 경치를 읊은 노래예요. 〈죽계별곡〉은 안축이 고향의 경치를 읊은 노래이고요.

그럼 〈관동별곡〉의 첫 번째 연을 감상해 볼까요?

〈관동별곡〉은 모두 9연으로 이루어져 있어요.

> 바다로 둘러싸이고 겹겹 산이 첩첩인 관동의 절경에서
> 푸른 휘장과 붉은 장막에 둘러싸인 병마 영주가
> 옥대를 메고, 일산을 받고, 검은 창과 붉은 깃발을 앞세운 명사길.
> 아아, 순찰하는, 그 경치 어떠합니까?
> 이 지역의 백성들은 의를 가리는 풍속을 따르네.
> 아아, 임금의 가르침을 받드는, 그 경치 어떠합니까?

'그 경치 어떠합니까?'라는 말과, 옥대·일산·검은 창·붉은 깃발 등을 줄줄이 늘어놓는 표현 등에서 경기체가의 특징을 살필 수 있지요.

귀족들의 화려한 생활과 풍류, 자연의 아름다움 등을 노래한 경기체가는 조선 시대에 '가사'가 나오기까지 350여 년 동안 꾸준히 지어졌답니다.

꿋꿋한 충성의 마음을 담은 노래

단심가

"우리는 친구이지만 한 하늘 아래 있을 수는 없겠구나."

고려의 충신 정몽주는 깊게 탄식했어요.

정몽주와 이성계는 오랜 친구이기도 했지만 서로 맞서는 적이기도 했어요. 정몽주는 고려 왕조를 이어가는 것이 도리라고 생각했지만, 이성계는 나약한 고려 왕조 대신 새 왕조를 세워야 한다고 생각했지요. 이때 이성계의 힘이 얼마나 셌는지, 고려의 임금인 공양왕은 이성계의 말에 꼼짝도 못했어요.

그러던 어느 날 이성계가 지방에서 사냥하다 상처를 입었다는 소식이 전해졌어요. 정몽주는 때가 왔다고 생각했어요.

"아무리 이성계라도 그를 돕는 무리가 없다면 날개 잃은 새일 뿐입니다. 이 틈에 이성계를 따르는 무리를 없애야 합니다."

정몽주가 공양왕에게 말했어요.

"어떻게 없앤단 말이오?"

"죄를 씌워 멀리 떠나보낸 다음, 없애는 것이 좋겠습니다."

정몽주의 말에 힘을 얻은 공양왕은 이성계를 돕는 무리에게 귀양을 가도록 명령했어요. 하지만 이성계의 아들 이방원이 정몽주의 계획을 눈치채고 말았어요.

이방원은 이성계를 급히 도읍의 집으로 모셔 왔지요.

"아아, 마지막 기회를 놓쳤구나!"

계획이 실패하자 정몽주는 무척 안타까워했어요. 그리고 병문안을 가기 위해 이성계의 집으로 말을 몰았지요.

"이 대감, 몸은 어떠십니까?"

"괜찮습니다. 걱정하실 정도는 아닙니다."

"그럼 이만 가 보겠습니다."

정몽주는 간단히 안부만 묻고 돌아 나왔어요. 친구이지만 적이었으니, 예전처럼 편히 이야기꽃을 피울 수가 없었지요.

정몽주가 대문을 나서려는데 이방원이 정몽주를 불렀어요.

"대감, 잠시만 시간을 내 주시지요."

정몽주는 이방원을 따라 사랑방으로 들어갔어요. 방안에는 향긋한 술과 군침 도는 안주가 차려져 있었어요.

"이렇게 좋은 술이 있는데, 노래가 빠져서야 되겠습니까."
이방원은 술잔을 들어 올리며 시조를 한 수 뽑았어요.

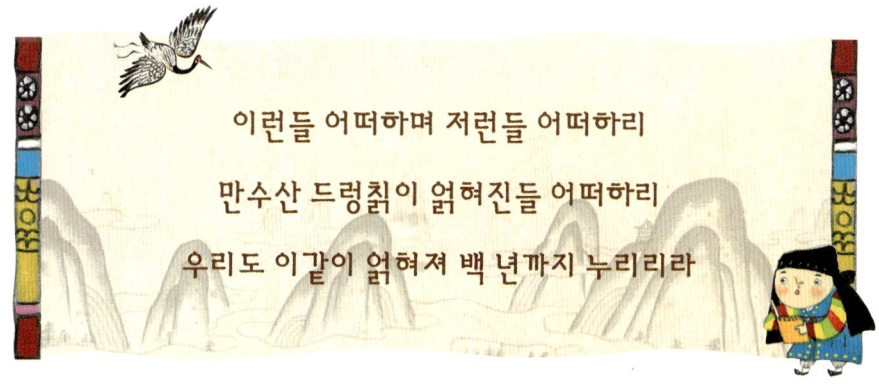

이런들 어떠하며 저런들 어떠하리
만수산 드렁칡이 얽혀진들 어떠하리
우리도 이같이 얽혀져 백 년까지 누리리라

이 시조가 이방원의 유명한 〈하여가〉예요. 이 시조에는 다음과 같은 뜻이 들어 있어요.

고려 임금을 섬기면 어떻고, 이성계를 새로운 임금으로 섬기면 어떻습니까? 어차피 세상이란 이렇게도 살다가 저렇게도 사는 법인 것을요.
만수산의 칡넝쿨을 보십시오. 이 나무 저 나무 가리지 않고 칭칭 서로 엉켜 잘만 살아가지 않습니까?
이제 고려 왕조의 운명은 끝났습니다. 우리 함께 새 왕조를 열고, 이성계를 섬기며 오래오래 잘살아 봅시다.

이방원은 〈하여가〉를 부르며 정몽주를 설득했어요.

'이방원이 나를 시험하는구나.'

정몽주는 이방원의 속마음을 단번에 알아차리고는 담담하게 말했어요.

"그럼 이번에는 내가 한 수 읊지요."

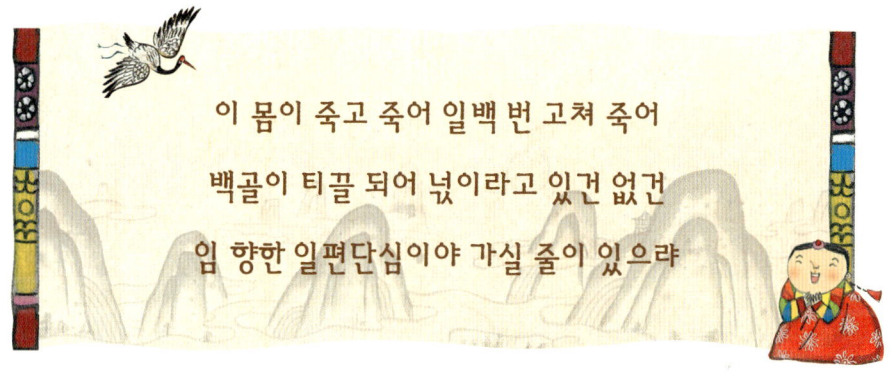

이 몸이 죽고 죽어 일백 번 고쳐 죽어
백골이 티끌 되어 넋이라도 있건 없건
임 향한 일편단심이야 가실 줄이 있으랴

정몽주의 답가가 바로 〈단심가〉예요. 이 시조 안에는 고려 왕조에 대한 굳건한 충성심이 담겨 있지요.

고려 왕조를 향한 나의 충성심은 절대 변하지 않으니,
나는 고려 왕조를 위해서라면 백번이라도 죽을 수 있습
니다.

내 몸이 썩어 해골이 되고, 해골이 다시 흙과 먼지가 되어 영혼마저 사라진다 해도 나의 충성심은 영원히 변하지 않습니다.
이미 기울어진 고려 왕조이지만 내 충성심은 이처럼 한결같으니, 아무리 내 마음을 돌리려 해도 헛수고일 뿐입니다.

"이만 일어서겠소."

시조를 읊은 정몽주가 자리에서 일어났어요. 정몽주가 떠나자 이방원은 깊은 한숨을 내쉬었어요. 정몽주의 뜻을 〈단심가〉로 확실히 알게 되었으니까요.

'정몽주를 살려두면 아버님의 일에 방해가 될 뿐이야. 오늘 밤 정몽주를 없애 버려야겠어.'

이방원은 조용히 부하를 불렀어요.

한편 이성계의 집을 나온 정몽주는 천천히 말을 몰아 자주 가던 주막집에 들렀어요. 어느덧 날이 어두워져 하늘에는 가느다란 달이 떴지요.

"고려 왕조가 저 달처럼 기울고 있구나. 아!"

정몽주는 깊은 탄식과 함께 술을 한 잔 들이켰어요.

'아마도 이방원은 나를 죽이려 할 것이다. 피하려면 피할 수 있을 터이나 피하고 싶지가 않구나. 고려의 멸망을 막을 수가 없으니, 내 더 살아서 무엇하리.'

정몽주는 술값을 치르고 다시 말에 올라 집으로 향했어요. 정몽주가 막 선지교를 지나려는 참이었어요. 갑자기 다리 밑에서 복면을 쓴 남자들이 쇠몽둥이를 들고 뛰어나왔어요. 남자들은 정몽주의 말고삐를 붙잡고 쇠몽둥이를 휘둘러 정몽주를 바닥에 떨어뜨렸어요. 정몽주가 부리부리한 눈으로 그 남자들을 쏘아보며 천둥처럼 소리쳤어요.

"고려의 백성으로 고려를 배신하다니, 하늘이 무섭지 않느냐!"

정몽주가 말을 마치기도 전에 다른 남자 하나가 다시 쇠몽둥이를 휘둘렀어요. 정몽주는 붉은 피를 주르르 흘리며 바닥으로 푹 쓰러졌어요.

정몽주는 그렇게, 영영 눈을 감고 말았어요. 이때 정몽주의 몸에서 나온 피가 선지교 돌다리를 적시어 핏자국이 생겼는데, 아무리 지우려 해도 지워지지 않았다고 해요.

정몽주가 죽은 자리에서는 대나무가 돋아났어요. 사람들은 정몽주의 충성스런 마음을 길이길이 간직하고자, 선지교의 이름을 '대나무 죽(竹)' 자를 넣어 '선죽교'로 바꾸어 불렀어요.

정몽주가 죽은 뒤 석 달 만에 고려는 망하고 말았어요. 큰 충신이 사라진 때를 틈타, 고려의 마지막 왕인 공양왕을 끌어내리고 이성계가 왕이 되었지요. 이성계는 새 왕조를 열고, 나라의 이름을 조선으로 바꾸었어요.

정몽주는 비록 조선의 건국을 반대하여 죽임을 당했지만, 고려를 향한 그의 충성심은 〈단심가〉와 함께 길이길이 전해졌어요. 고려의 충신 정몽주는 오늘날에도 여전히 많은 사람의 존경을 받고 있답니다.

개성에 남아 있는 선죽교의 모습이에요.

신진 사대부가 즐겨 지은 평시조

　'시조'는 800년 가까이 조상들의 삶과 역사를 담아 온 우리 민족 고유의 문학이에요. 고려 중기에 생겨나, 고려 말기에 그 모양새를 갖추었어요.
　시조는 초장, 중장, 종장 이렇게 세 줄로 이루어져요. 각 줄의 글자 수는 15자 정도로, 모두 합쳐 45자 정도이지요. 이런 가장 기본적인 모양의 시조를 '평시조'라고 해요.
　평시조는 특히 신진 사대부들이 즐겨 지으며 유행하게 되었어요. 신진 사대부는 고려 말에 새롭게 등장한 젊은 세력들로, '새 왕조를 세우자'라는 이성계파와 '고려를 지켜야 한다'라는 정몽주파로 나뉘었어요. 그래서 이때 지어진 시조에는 고려와 함께 사라질 것인가, 아니면 새 왕조와 함께 나아갈 것인가 하는 갈림길에서 자신의 고민을 담은 작품들이 많답니다.

흰 눈이 잦아진 곳에 구름이 험하여라
반가운 매화는 어느 곳에 피었는가
석양에 홀로 서 있어 갈 곳 몰라 하노라

평시조는 '단시조'라고도 해요.

이 시조는 고려 말의 문신인 이색이 지은 것이에요. 겉으로 봐서는 흰 눈, 구름, 매화, 석양 같은 게 나오니 풍경을 읊은 시조 같아요. 그러나 이 안에는 고려의 신하로서 겪는 안타까운 마음이 숨어 있답니다.

흰 눈처럼 깨끗한 마음을 가진 고려의 신하들이 있던 자리에,
새 왕조를 세우려는 이성계 세력이 구름처럼 끼어
세상이 험하고 어두워졌구나.
추운 겨울날에도 홀로 가지에 꽃을 피우는 매화처럼, 험한 세상에서도
꼿꼿이 충성을 지키는 고려의 충신들은 모두 어디에 있는가.
산 너머로 지는 저녁 해가 마치 기울어 가는 고려 왕조와 같으니,
이를 보며 홀로 서 있는 내 마음이 한탄스럽기 그지없구나.

이색은 이성계가 내린 벼슬을 끝내 받지 않았다고 해요.

"하하하, 수고가 많았소. 훌륭하오!"

편전에서 세종의 웃음소리가 호탕하게 들려 왔어요. 임금 앞에는 집현전 학자들이 뿌듯한 얼굴로 고개를 숙이고 있었지요. 모두의 얼굴에서 기쁨이 넘쳐 났어요. 드디어 우리글 훈민정음이 만들어진 거예요!

"이제 조금만 더 손질하면 됩니다."

학자의 말에 임금이 만족스럽게 말했어요.

"다들 힘을 내시오."

집현전 학자들은 그 뒤로 2년여 동안 훈민정음을 정성껏 손질해 훈민정음의 모양을 갖추었어요. 그러자 세종은 집현전 학자들을 다시 모았어요.

"백성들이 쉽게 배울 수 있는 우리글이 만들어졌으니, 이제 훈민정음으로 된 책도 만들어야 하지 않겠소?"

"허면 첫 우리말 책은 어떤 것이 좋겠습니까?"

"백성들이 조선 왕조의 위대함을 알 수 있도록, 조선 왕조를 찬양하는 노래를 만들어 훈민정음으로 기록하도록 하시오."

이렇게 해서 우리나라 최초의 한글 노래인 〈용비어천가〉가 만들어졌어요.

〈용비어천가〉는 한자 그대로 풀이하면 '용이 날아 나라를 다스린 하늘의 노래'라는 뜻이에요. 우리 선조들이 조선을 세우고 다스린 거룩한 역사를 노래로 읊고 있지요.

이 노래는 모두 125장으로 이루어져 있어요. 우선, 1장과 2장을 감상해 보아요.

우리나라에 여섯 용이 날으시어

하시는 일마다 모두 하늘이 내린 복을 받으시니

이는 중국 고대의 여러 훌륭하신 임금과 한가지로 같으시네.

뿌리가 깊은 나무는 바람에 아니 흔들리므로

꽃이 찬란하게 피고 열매가 많나니.

샘이 깊은 물은 가뭄에도 끊이지 아니하므로

내를 이루어 바다로 흘러가나니.

1장에서는 조선이 세워진 것은 당연하고 마땅한 일임을 노래하고 있어요. 2장에서는 조선 왕조의 영원한 발전에 대한 소망을 담고 있고요. 몇 줄 안 되는 짧은 글이지만, 담고 있는 내용은 절대 짧지 않다는 것을 아래의 풀이를 보면 알 수 있어요.

무릇, 왕은 하늘의 뜻을 받아 백성을 다스리는 법입니다. 우리나라에 용과 같이 위대한 여섯 선조가 있었으니, 태조 이성계의 고조할아버지 목조, 증조할아버지 익조, 할아버지 도조, 아버지 환조는 하늘의 뜻을 받아 조선을 세우기 위해 덕을 쌓고 준비를 하셨고, 태조는 조선을 세우고 다스리셨으며, 그 뒤를 이은 태종은 나라를 더욱 튼튼하게 만드셨습니다.

여섯 왕은 하늘의 복을 받아 하시는 일마다 모두 훌륭하게 이루셨습니다. 이는 먼 옛날 중국의 위대한 왕들이 하늘의 뜻을 받아 훌륭히 나라를 다스리신 것과 같은 모습입니다.

뿌리가 깊은 나무는 아무리 거센 바람이 몰아쳐도 꿈쩍하지 않고 견디어 아름다운 꽃과 탐스러운 열매를 주렁주렁 맺습니다.
얕은 샘은 가뭄에 말라 바닥을 드러내지만, 깊은 샘은 아무리 오랜 가뭄이 들어도 바닥을 드러내는 법이 없기에 냇물을 이루어 흐르고 흘러 바다로 갑니다.
조선 또한 태조 이성계가 나라를 세우기 훨씬 전부터 태조의 조상들이 조선을 세우기 위해 준비해 왔기에 그 뿌리가 어떤 나무보다 튼튼하고, 그 바닥은 어떤 샘보다 깊습니다.
따라서 조선의 문화는 뿌리 깊은 나무처럼 크고 탐스럽게 번성할 것입니다. 조선 왕조 또한 깊은 샘물처럼 영원히 흐르고 흘러 발전을 이룰 것입니다.

3장부터 109장까지는 태조 이성계와 여러 선조들이 여러 가지 어려움을 신령스런 힘으로 이겨내고, 마침내 하늘의 뜻에 따라 조선 왕조를 세우는 이야기를 담고 있어요. 특히 태조가 조선을 세운 것은 하늘의 뜻이었다는 점을 강조하고 있지요.

그리고 110장에서 125장까지는 여섯 선조들의 위대한 업적을 되풀이하며, 후대의 임금들을 타이르고 경계하는 내용이 담겨 있어요. 그럼 제일 마지막 장을 살펴볼까요?

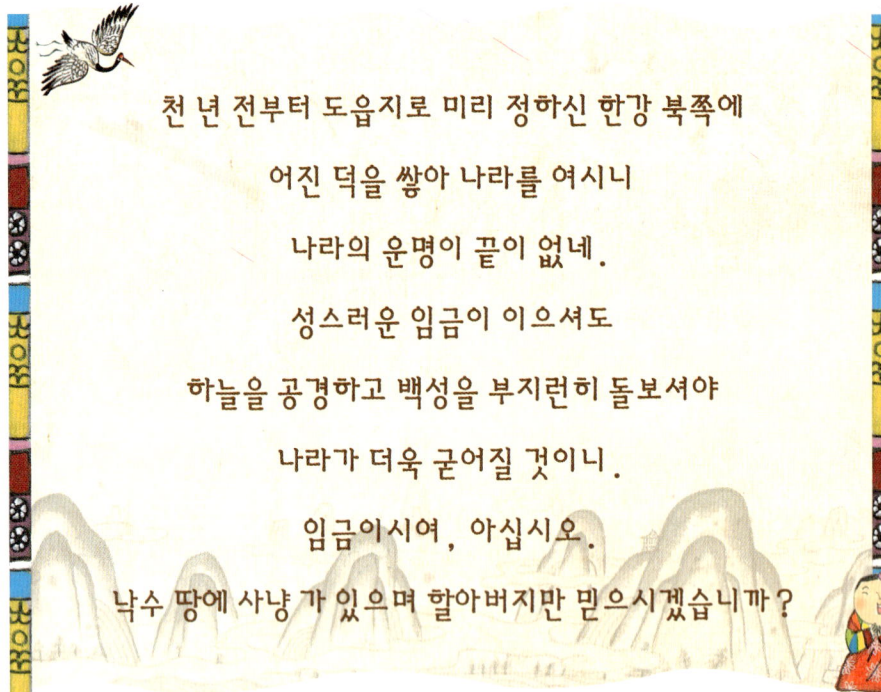

천 년 전부터 도읍지로 미리 정하신 한강 북쪽에
어진 덕을 쌓아 나라를 여시니
나라의 운명이 끝이 없네.
성스러운 임금이 이으셔도
하늘을 공경하고 백성을 부지런히 돌보셔야
나라가 더욱 굳어질 것이니.
임금이시여, 아십시오.
낙수 땅에 사냥 가 있으며 할아버지만 믿으시겠습니까?

이 노래를 풀이해 보면 다음과 같아요.

아득한 옛날에 도읍지로 미리 정해 놓으신 한양 땅에, 태조가 어진 덕을 쌓아 나라를 세우셨으니, 이씨 왕조의 운명은 끝이 없을 것입니다.

그러나 아무리 거룩한 왕의 후손이 왕위를 이으신다 해도, 하늘을 공경하고 백성들을 부지런히 다스려야만 나라가 더욱 단단하게 굳어질 것입니다.

> 앞으로 나라를 다스릴 후손들이여, 중국 하나라 태강왕
> 의 이야기를 기억하시옵소서. 조상의 덕만 믿고 있다가
> 왕의 자리에서 쫓겨나지 않았습니까?

125장에는 중국 하나라 태강왕의 이야기가 담겨 있어요. 이 이야기를 모르면 125장의 내용을 이해하기가 어렵지요.

먼 옛날 중국 하나라에 우라는 임금이 있었어요. 우임금은 자기보다 백성을 더 생각하는 어질고 훌륭한 왕이었어요. 백성들과 신하들은 모두 우임금의 덕을 칭송했지요. 우의 뒤를 이어 아들인 계가 임금이 되었어요. 계임금 또한 현명하게 나라를 잘 다스렸어요. 계임금도 왕의 자리를 아들인 태강에게 물려주었어요.

그런데 태강왕은 할아버지 우임금과 아버지 계임금과는 달리 몹시 어리석었어요. 사냥이나 하고 잔치나 벌이며 놀기만 할 뿐, 나라와 백성을 돌볼 생각은 손톱만큼도 하지 않았어요.

그러던 어느 날, 태강왕은 병사 몇 명만을 거느리고 낙수 땅으로 사냥을 갔어요. 그러자 호시탐탐 기회를 엿보고 있던 옆 나라의 왕 후예가 많은 군사를 이끌고 쳐들어왔어요. 후예는 태강왕을 쫓아내 버리고는 하나라를 차지해 버렸어요.

왕의 자리에서 쫓겨난 태강은 신하들의 힘을 빌려 나라를 되찾으려 했지만, 태강을 도우려는 신하는 단 한 사람도 없었어요. 결국 태강은 나라를 되찾지 못하였지요.

〈용비어천가〉 마지막 장에는 태강왕처럼 조상 왕의 덕만 믿고 흥청망청 놀다가는 백성들과 신하들에게 버림받게 될지 모르니, 조선의 후대 왕들은 하늘을 공경하고 덕을 쌓아 백성을 다스리는 데 게을리하지 말아야 한다는 깊은 충고가 들어 있어요.

우리말로 지어진 우리글 노래 〈용비어천가〉는 그 뒤 궁중 음악인 '아악'의 노랫말로 쓰이게 되었어요. 조선 시대 세종 이후, 나라에서 큰 행사를 벌일 때에는 아악 연주와 함께 〈용비어천가〉의 노랫말이 웅장하고 아름답게 흘러나왔답니다.

경기도 여주에 있는 영릉이에요. 세종 대왕과 소헌 왕후의 무덤이지요.

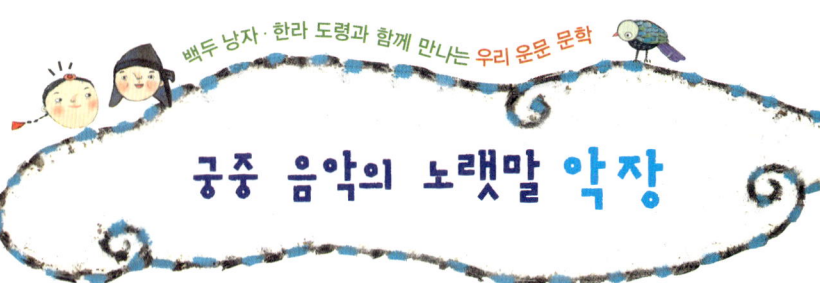

궁중 음악의 노랫말 악장

'아악'은 궁중에서 쓰이는 음악을 말하고, '악장'은 아악에 붙는 노랫말을 뜻해요. 고려 시대부터 궁중에서는 중국의 아악을 들여와 연회 때나 행사 때에 연주했어요. 조선 초기에도 고려의 아악을 그대로 이어받아 나라의 공식 행사에서 썼지요.

그러다가 세종 때에 이르러 아악에 커다란 변화가 생겼어요. 세종은 박연에게 아악과 악기를 정리하고 새로운 노래를 만들게 했어요. 또 집현전 학자들에게 아악의 노랫말로 쓰일 악장을 우리말, 우리글로 만들도록 했지요. 그렇게 해서 훈민정음을 실험해 보려고 한 거예요.

그리하여 우리말로 지어지고 우리글로 쓰인 악장 〈용비어천가〉가 세상에

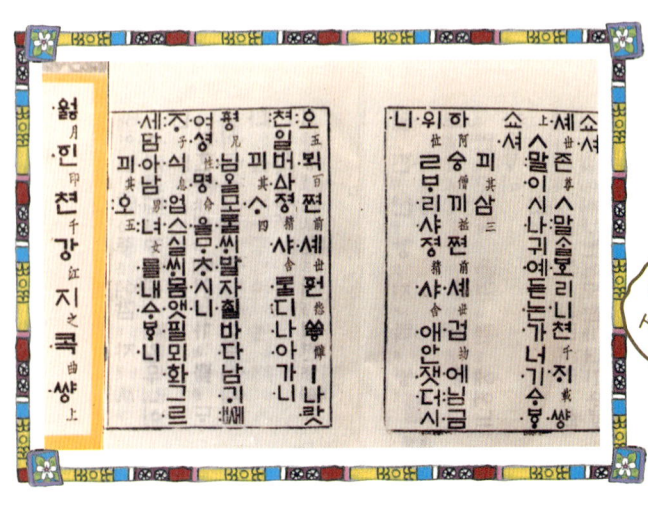

〈월인천강지곡〉은 석가모니를 찬양하는 노래예요.

나오게 되었어요. 또 세종은 부인인 소헌 왕후가 죽자, 부인의 명복을 빌기 위해 아들 수양 대군에게 석가모니의 일생을 한글로 적어 올리게 했어요. 세종은 이를 읽고 〈월인천강지곡〉이라는 악장을 직접 지었답니다.

그런데 악장이 모두 우리글로 지어진 것은 아니에요. 〈용비어천가〉와 〈월인천강지곡〉 등 몇몇 악장을 빼고는 대부분 한문으로 지어졌어요.

악장의 특징은 경사스런 일을 기리고 축하하는 '송축가'라는 점이에요. 또 궁중에서 지어지고 궁중 연회에서 연주되었다는 특수한 상황 때문에 왕족과 귀족들만 누렸다는 특징도 있지요.

악장은 조선 전기, 특히 세종 때에 화려하게 꽃피웠어요. 여민락, 치화평 등의 아악의 선율에 〈용비어천가〉가 가사로 붙여져 아름답게 연주되었지요. 하지만 널리 불리지 못하고 얼마 못 가 사라지게 되었답니다.

아악은 왕과 귀족들을 위한 궁중 음악이었어요.

자연을 벗 삼아 부르는 노래

오우가

조선 인조 때의 일이에요. 40세의 나이로 과거에 장원 급제한 윤선도는 봉림과 인평 두 왕자의 스승이 되었어요.

윤선도는 두 왕자를 정성껏 가르쳤는데, 언문이라며 천하게 여기던 훈민정음도 가르쳤지요.

"훈민정음은 어찌하여 가르쳐 주시는 건지요?"

봉림의 물음에 윤선도가 답했어요.

"훈민정음은 세종 대왕께서 백성을 위해 만드신 우리글이기 때문입니다. 백성들의 글을 아셔야 백성들의 마음도 헤아리실 수 있을 것이옵니다."

윤선도는 이렇게 일찍부터 우리말, 우리글의 아름다움을 알고 이를 사랑했어요.

그러던 어느 날 윤선도는 당파 싸움에 휘말리게 되었어요. 이때에는 양반들이 남인과 서인 두 패로 갈라져 서로 헐뜯고 다투고 있었거든요. 궁궐 안에 있던 서인들은 남인인 윤선도를 못마땅하게 여겨 인조에게 거짓으로 아뢰었지요.

"전하, 윤선도가 왕자님들을 열심히 가르치지 않고 게으름을 피우고 있습니다. 엄히 벌하여 주옵소서."

결국 윤선도는 벼슬에서 쫓겨나 고향 해남에 머물게 되었어요.

"오히려 잘되었다. 앞으로는 이곳에서 자연을 벗 삼아 마음을 닦으며 살아야겠다."

그런데 얼마 뒤 나라에 큰일이 닥쳤어요. 청나라가 쳐들어와 병자호란을 일으킨 거예요. 윤선도는 한양이 짓밟히고 봉림과 인평 두 왕자가 강화도로 피난을 갔다는 소식을 듣게 되었어요. 인조와 소현 세자가 남한산성으로 피신했다는 얘기도 들었지요.

"안 되겠다. 어서 배를 구해 와라! 힘을 모아 왕자님들을 도와드려야 한다."

윤선도는 사람들을 모아 강화도로 갔어요. 하지만 윤선도가 도착했을 때는 이미 두 왕자가 청나라군에 잡혀 끌려가고 난 뒤였어요. 배를 돌려 인조를 구하러 가려고 했지만, 그조차도 이루기 전에 인조가 청나라에 항복하고 말았지요.

윤선도는 깊이 한숨을 쉬며 말했어요.

"아아, 북쪽 오랑캐에게 당하다니, 부끄러워 이 땅에 있을 수가 없구나. 이 땅을 떠나 섬으로 가련다."

윤선도는 배를 돌려 남해로 향했어요. 그리고 보길도라는 아름다운 섬에 초가집과 정자를 짓고 조용히 살아갔어요. 숲과 바위와 맑은 바다가 윤선도의 지친 마음을 어루만져 주었어요.

　인조는 여러 차례 벼슬자리를 내리며 윤선도를 곁으로 불렀어요. 그러자 서인들이 또다시 윤선도를 모함했어요.
　"전하께서 힘든 일을 겪으셨는데 문안조차 드리러 올라오지 않다니, 죄가 큽니다."
　"백성들은 이토록 고생하고 있는데 윤선도는 정자를 짓고 나 몰라라 놀고 있으니, 참으로 부끄러운 일입니다."
　결국 윤선도는 벌을 받아 2년 동안 쓸쓸한 바닷가에서 귀양살이를 해야만 했어요.
　그 뒤 다시 고향으로 돌아온 윤선도는 이번에는 산으로 들어가 정자를 짓고 조용히 지냈어요.
　"아버님, 쓸쓸하지 않으십니까?"
　아들이 걱정스레 묻자, 윤선도는 빙그레 웃으며 말했어요.

"친구가 다섯이나 곁에 있는데 쓸쓸할 리 있느냐."
"사람을 찾아보기 힘든 조용한 산에 친구라니요?"
아들이 이상한 듯 물었어요.
윤선도가 조용히 말했어요.
"저 냇물도, 바위도, 소나무도, 대나무도, 밤마다 뜨는 달도 모두 내 친구란다."
그러고는 시조를 읊기 시작했어요.

내 벗이 몇인가 하니 물, 돌과 솔, 대나무라
동산에 달 오르니 그이 더욱 반갑구나
두어라, 이 다섯 밖에 또 더하여 무엇하리

구름 빛이 좋다 하나 검어지길 자주 한다
바람 소리 맑다 하나 그칠 적이 많음이라
좋고도 그칠 적 없는 건 물 뿐인가 하노라

꽃은 무슨 일로 피자마자 쉬이 지고
풀은 어이하여 푸르렀다 누레지는가
아마도 변치 않는 건 바위뿐인가 하노라

더우면 꽃 피고 추우면 잎 떨구거늘
솔아, 너는 어찌 눈서리에도 변함없는가
깊이 뿌리 곧게 뻗은 줄 그리하여 알겠노라

나무도 아닌 것이 풀도 아닌 것이
곧기는 뉘 시켰으며 속은 어이 비었는가
저리하고 사계절에 푸르니 그를 좋아하노라

작은 것이 높이 떠서 온 세상을 다 비추니
밤중의 밝은 빛이 너만 한 이 또 있느냐
보고도 말 아니하니 내 벗인가 하노라

이 시조가 바로 〈오우가〉예요. '다섯 벗의 노래'라는 뜻이지요. 그럼 내용을 자세히 살펴볼까요?

내 친구가 몇인지 세어 보니 물과 돌과 소나무와 대나무가 있습니다. 동산에 달까지 뜨니 이 친구 또한 반갑습니다. 이 다섯 친구만 있으면 세상에 부러울 게 없으니, 다른 친구가 더 있어 보았자 무엇할까요.

구름의 빛깔이 아름답다지만, 먹구름이 되어 검게 변할 때도 자주 있습니다. 바람 소리가 맑다지만, 그칠 때도 잦습니다. 구름처럼 변하기도 하고 바람처럼 그치기도 하는 이를 친구라 할 수 있겠습니까. 변하지 않고 그치지 않는 물이야말로 진짜 친구입니다.

꽃은 아름다운 색과 향으로 마음을 끌어당기고는 저 홀로 져 버립니다. 풀은 푸르고 싱싱하게 자라나 마음을 끌어 놓고 홀로 누렇게 말라 버립니다. 저 홀로 지는 꽃이나 저 홀로 마르는 풀과 같은 이를 친구라 할 수 있겠습니까. 굳건히 한 자리를 지키는 바위야말로 진짜 친구입니다.

날이 따뜻해지면 꽃이 피고, 날이 추워지면 나무의 잎이 떨어집니다. 소나무여, 당신은 어찌하여 눈이 오나 서리가 내리나 변하지 않는지요. 그 모습을 보고 당신이 땅 깊숙이 뿌리를 내린 줄을 알았습니다. 아무리 힘든 일이 닥쳐도 변하지 않고, 언제나 깊은 믿음으로 대하는 소나무야말로 진짜 친구입니다.

나무도 아닌 것이 풀도 아닌 것이, 곧기는 누가 시켜 나무처럼 곧으며 속은 어이하여 풀처럼 비었나요. 그러면서도 봄, 여름, 가을, 겨울 언제나 푸르니, 대나무를 좋아할 수밖에 없습니다. 어느 계절 어느 때나 늘 푸르른 대나무야말로 진짜 친구입니다.

조그만 달님은 하늘에 높이 떠서 온 세상을 비춥니다. 캄캄한 밤중에 당신만큼 밝은 빛은 어디에도 없습니다.

하늘에 떠 있어 세상 돌아가는 일을 다 보니 실수도 보고 그릇된 것도 볼 터인데, 이러쿵저러쿵 다른 이에게 떠들지 아니하고 그저 묵묵히 지켜봐 주니, 달님은 내 소중한 친구입니다.

윤선도가 시조를 모두 읊고 아들에게 말했어요.
"알겠느냐?"
아들은 아버지의 말을 듣고 고개를 숙였어요.
'아. 서로 으르렁대고, 이리 붙었다 저리 붙었다 하며 남의 흉을

윤선도가 살았던 전라남도 해남의 녹우당이에요.

보는 사람들 틈바구니에서 아버지는 얼마나 고통 받으셨던가!'

지금의 아버지는 무척 편안한 얼굴을 하고 계셨어요. 변하지 않고, 있는 그대로의 자신을 봐 주며, 내버려 두는 듯하지만 언제나 같이 있는 자연이라는 친구가 옆에 있으니까요.

윤선도는 그 뒤로도 당파 싸움에서 벗어나지 못했어요. 벼슬자리에 오르려 하면 어김없이 서인들이 방해했고, 그 때문에 귀양살이를 17년, 자연 속에 숨어 사는 생활을 19년이나 했어요.

윤선도는 끝끝내 임금을 모시며 뜻을 펼치는 데는 실패했어요. 그러나 자연과 더불어 살아가며 얻은 경험과 깊은 생각은 〈오우가〉와 같은 아름다운 우리말 시조로 남게 되었답니다.

길게 이어지는 시조 연시조

백두 낭자·한라 도령과 함께 만나는 우리 운문 문학

"시조 한 수 읊어 보겠습니다."

옛이야기 책에 보면 선비들이 이렇게 말하며 시조를 읊어요. 여기서 '한 수'란 초장, 중장, 종장으로 이루어진 평시조를 말해요. 맨 처음에 등장한 시조는 모두 한 수로 된 평시조였어요.

그 뒤 조선 시대 세종 때에 이르러, 한 제목 아래 두 수 이상의 평시조가 연달아 엮어진 시조가 등장했어요. 이를 '연시조'라고 하지요.

연시조는 길이의 제한이 없어요. 그래서 맹사성의 〈강호사시가〉는 네 수로, 윤선도의 〈오우가〉는 여섯 수로, 이황의 〈도산십이곡〉은 무려 열두 수로 이루어져 있답니다.

맹사성은 글을 잘 짓고, 음악에도 밝았다고 해요.

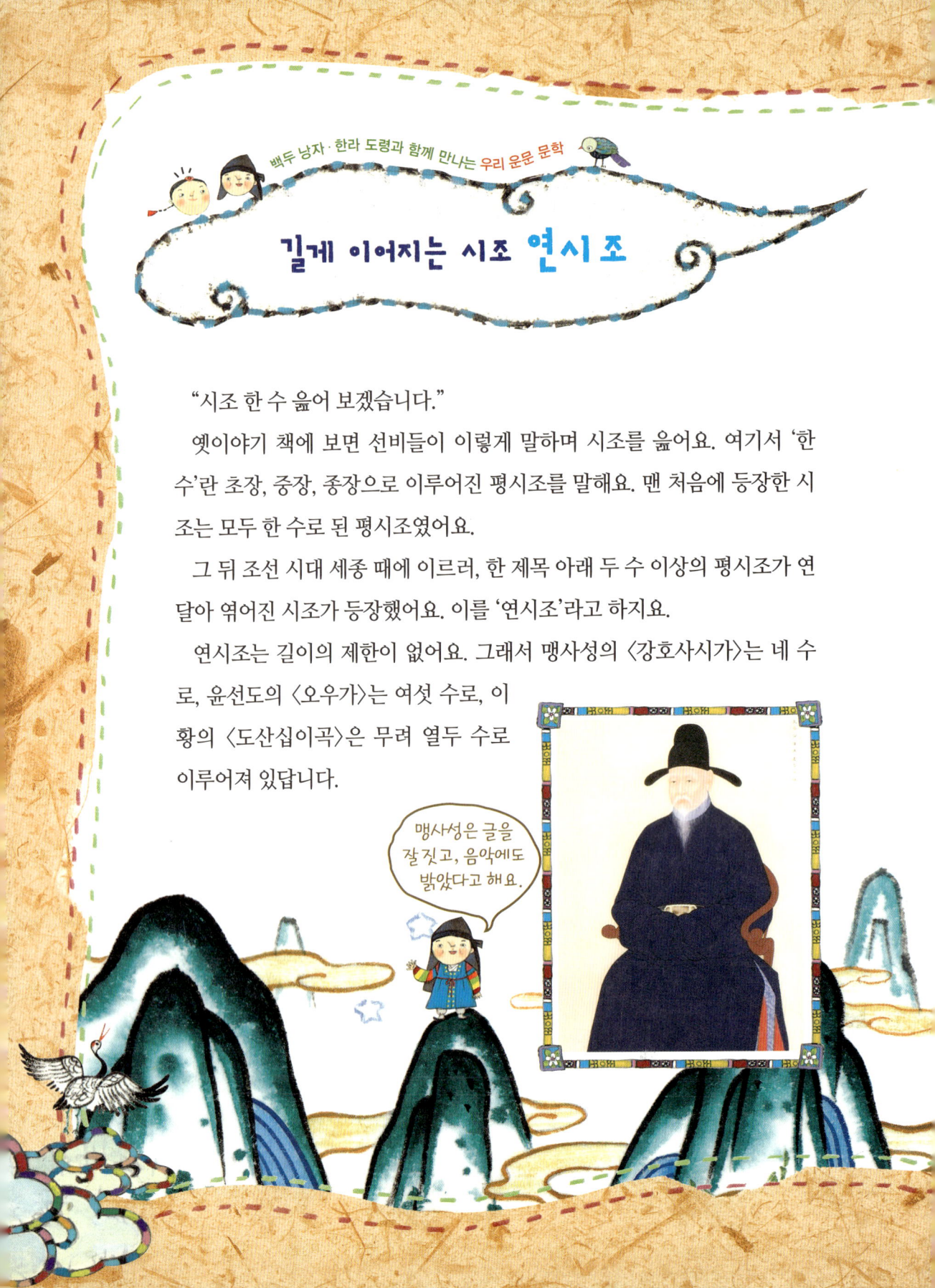

    다음은 조선 시대 명재상이었던 맹사성이 지은 〈강호사시가〉예요. '강과 호수의 사계절 노래'라는 뜻이지요. 이 시조는 봄, 여름, 가을, 겨울을 각각 한 수씩 만들어 이어 붙였답니다. 그럼 함께 감상해 볼까요?

강과 호수에 봄이 드니 깊은 흥이 절로 난다
막걸리 마시며 노는 시냇가에 어여쁜 물고기가 안주로다
이 몸이 한가함도 역시 임금님의 은혜이시다

강과 호수에 여름이 드니 초가집에 일이 없다
신의 있는 강 물결은 보내나니 시원한 바람이로다
이 몸이 시원히 지냄도 역시 임금님의 은혜이시다

강과 호수에 가을이 드니 물고기마다 살쪄 있다
작은 배에 그물 실어 물결 따라 흐르게 던져 두고
이 몸이 편히 지냄도 역시 임금님의 은혜이시다

강과 호수에 겨울이 드니 눈 쌓여 깊이가 한 자를 넘는다
삿갓 비껴쓰고 도롱이로 옷을 삼아
이 몸이 춥지 아니함도 역시 임금님의 은혜이시다

〈강호사시가〉는 네 수로 된 연시조예요.

"어이쿠, 나 죽네."

맹순이 아버지가 소리쳤어요. 발을 헛디뎌 그만 툇마루에서 바닥으로 굴러떨어진 거예요. 아버지는 한쪽 다리를 크게 삐고 말았어요.

"어이구우, 다리가 저릿저릿하네."

"당신도 참, 얼른 누우세요."

어머니는 아버지를 부축해 안방에 뉘인 다음, 서둘러 장옷을 걸쳤어요.

"맹순아. 잠깐 다녀올 테니 아버지 잘 돌봐 드리고 있어라."

"조씨 아저씨 집에 다녀오시게요?"

맹순이가 눈을 빛내며 말했어요.

"그래."

마을 끝 소나무 숲 아래 사는 조씨 아저씨네 큰아들 조 도령은 의원 댁을 오가며 의술을 공부하고 있었어요. 그래서 조씨 아저씨와 친한 사람들은 몸이 좀 안 좋을 때 조 도령에게 부탁해 치료를 받곤 했지요.

아픈 사람들을 치료해 주는 조 도령의 모습은 어찌나 늠름한지! 맹순이는 조 도령을 남몰래 좋아하고 있었어요.

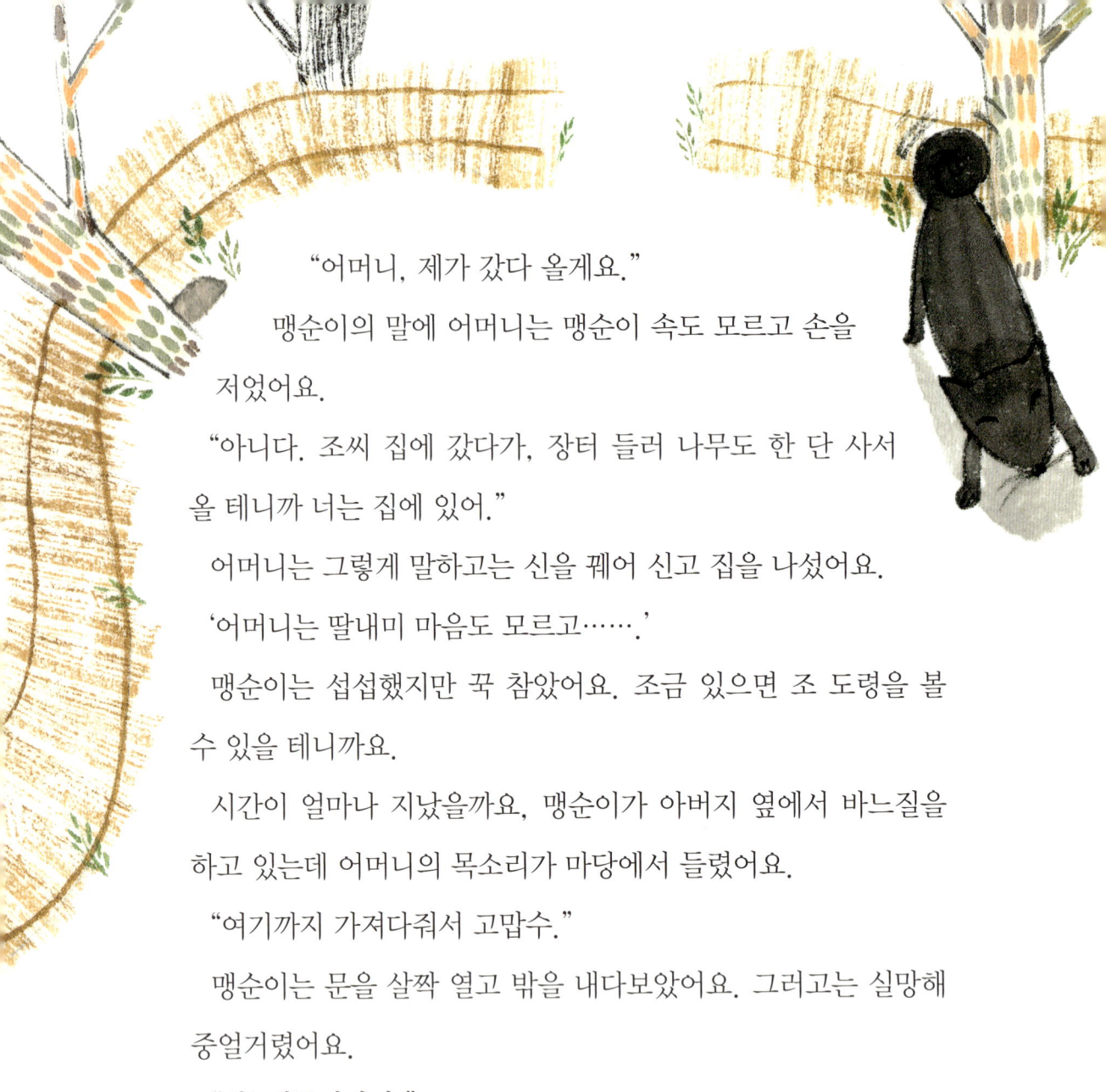

"어머니, 제가 갔다 올게요."

맹순이의 말에 어머니는 맹순이 속도 모르고 손을 저었어요.

"아니다. 조씨 집에 갔다가, 장터 들러 나무도 한 단 사서 올 테니까 너는 집에 있어."

어머니는 그렇게 말하고는 신을 꿰어 신고 집을 나섰어요.

'어머니는 딸내미 마음도 모르고……'

맹순이는 섭섭했지만 꾹 참았어요. 조금 있으면 조 도령을 볼 수 있을 테니까요.

시간이 얼마나 지났을까요, 맹순이가 아버지 옆에서 바느질을 하고 있는데 어머니의 목소리가 마당에서 들렸어요.

"여기까지 가져다줘서 고맙수."

맹순이는 문을 살짝 열고 밖을 내다보았어요. 그러고는 실망해 중얼거렸어요.

"치! 개똥이잖아."

어머니와 함께 온 사람은 조 도령이 아니라 나무꾼 개똥이었어요. 집까지 나뭇단을 배달해 준 거였지요.

'저 햇볕에 탄 까만 얼굴 좀 봐. 저 곰보 자국은 어떻고.'

맹순이는 흘끔흘끔 내다보며 픽픽거렸어요. 맹순이는 개똥이가 영 마음에 안 들었거든요.

하지만 어머니는 개똥이가 해 온 나무가 제일 좋다며 매번 개똥이에게 나무를 사 왔어요. 개똥이가 집까지 나무를 배달해 주다 보니, 이젠 맹순이네 개들도 개똥이를 알아보고 촐랑촐랑 꼬리를 흔들 정도가 되었지요. 그 가운데 누렁이는 겅중겅중 뛰고, 꼬리를 흔들고 아주 정신없이 좋아했어요.

"여차."

개똥이가 나무를 내려놓고 우렁차게 말했어요.

"목이 마른데 물 좀 마실 수 있을까요?"

어머니가 외쳤어요.

"얘, 맹순아. 얼른 부엌에서 물 한 바가지 가져와라."

"아휴, 그냥 가는 법이 없지."

맹순이는 투덜거리며 부엌으로 갔어요.

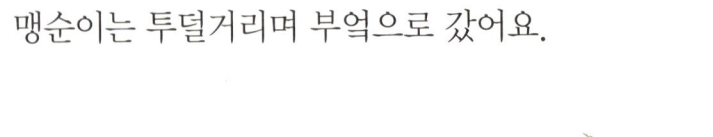

　맹순이는 물동이에서 물을 한 바가지 퍼다 개똥이에게 픽 내밀었어요. 물을 마신 개똥이가 바가지를 돌려주며 꾸벅 인사하고는 휘휘 사립문 밖으로 멀어져 갔어요.

　맹순이가 바가지를 들고 부엌으로 돌아가는데, 그새 맹순이네 집 앞에 도착한 조 도령이 외쳤어요.

　"계십니까?"

　깜짝 놀란 맹순이가 머리를 매만지는 사이, 어머니가 먼저 사립문을 열고 조 도령을 맞았어요.

　"예에, 빨리 오셨네요."

　맹순이도 급한 마음에 얼른 마당으로 나왔어요. 그런데 조금 전까지 개똥이에게 갖은 귀여움을 부리던 누렁이 녀석이 조 도령 앞으로 뛰어가더니 조 도령을 쏘아보며 으르렁거리지 않겠어요?

조 도령이 사립문 안으로 한 걸음 내딛자, 누렁이가 컹컹 짖기 시작했어요. 그러자 다른 개들도 따라서 짖어댔지요.

"아니 저 녀석들이."

맹순이가 발을 동동 구르는데, 어머니가 싸리 빗자루를 흔들며 소리쳤어요.

"조용히 못 해!"

깨갱거리며 개들이 물러나자, 그 틈에 조 도령이 어머니를 따라서 아버지가 계신 방으로 들어갔어요.

맹순이가 안타깝게 중얼거렸어요.

"아유, 인사도 못 드렸는데 들어가 버리셨네."

맹순이는 마당을 오락가락하며 아버지가

계신 방 안에 들어가 볼까, 말까 고민하다가 좋은 생각을 하나 해 냈어요.

"맞아, 손님 대접을 해야지. 꿀물을 타서 들어가야겠다!"

맹순이는 꿀물을 정성스럽게 탄 다음, 나무 쟁반에 받쳐서 방으로 들어가려고 했어요. 하지만 벌써 조 도령이 문을 열고 나오지 뭐예요?

"무리하지 마시고 한 사흘 쉬시면 가라앉을 겁니다."

조 도령이 말을 하며 신발을 꿰어 신었어요. 그와 함께 바닥에 얌전히 누워 있던 개들이 벌떡 일어났어요. 그리고 뒤로 물러났다, 앞으로 나아갔다 슬금슬금 조 도령 주위를 맴돌며 으르렁거렸어요.

맹순이가 눈을 부릅뜨고 개들을 째려보았어요. '너희 또 짖으면 확 밥 안 줘 버린다!' 하고 생각하면서요. 하지만 개들은 끄떡도 않고 여전히 으르렁거렸어요.

"요 녀석들아, 시끄럽다!"

어머니가 소리를 지르자, 그제야 개들이 꼬리를 내렸어요. 조 도령은 그 틈을 타 얼른 마당을 지나 집 밖으로 뛰어나가더니 멀리서 "이만 가보겠습니다." 하고 외치고는 사라졌어요.

맹순이는 속상해 죽을 것 같았어요.

"꿀물도 못 들고 가셨네……. 인사도 제대로 못 하고……. 이게 다 저놈의 똥개들 때문이야!"

화가 바짝 난 맹순이가 개들을 보고 발을 구르며 소리쳤어요.

"이 똥강아지 녀석들아! 너희는 이제 국물도 없어! 쉰밥이 그릇에 차고 넘쳐도 너희한텐 안 먹여, 이 바보들아!"

어머니가 맹순이를 보며 말했어요.

"애, 왜 그래?"

"몰라요."

맹순이는 팩, 제 방으로 들어가 버렸어요. 그리고 종이와 먹, 붓을 꺼냈어요. 붓에 먹을 묻힌 다음 얼마 전에 배운 우리글로 이렇게 써 내려갔어요.

개를 여남은이나 기르되

요 개처럼 얄미운 놈 있으랴

미운 사람 오며는 꼬리를 홰홰 치며

올리 뛰락 내리 뛰락 반가워 내닫고

고운 손님 오며는 뒷발을 버둥버둥

물러설락 나올락 캉캉 짖어서 돌아가게 하니

쉰밥이 그릇그릇 나와도

너 먹일 줄 아느냐

이렇게 한글로 자유롭게 쓴 시조를 사설시조라고 해요. 내용을 풀이하면 다음과 같아요.

누렁이, 검둥이, 흰둥이, 바둑이……. 개를 십여 마리나 기르는데, 저 개들만큼 얄미운 놈이 또 있을까요?
마음에도 없는 미운 사람 왔을 때는 주인 마음도 모르고 꼬리를 살랑살랑 홰홰 흔들며 이리 폴짝 저리 폴짝 방방 뛰며 반가워합니다.
그러다 마음에 두고 있는 반가운 사람 오시면 뒷발에 힘을 주고 으르렁으르렁 캉캉 짖어 대며 정신없이 굴어서 그 사람을 재빨리 돌아가게 하여 버리니, 요 눈치 없는 녀석들 때문에 아주 속이 상합니다.
이 얄미운 개들아, 음식이 많이 남아서 쉰밥이 그릇그릇 쌓여 버리게 되더라도 네 녀석들에게 줄 것 같으냐?

어때요? 남몰래 마음에 둔 사람이 반갑게도 우리 집에 찾아왔는데 개가 짖는 바람에 그만 돌아가 버리니, 속상해 쉰밥도 안 주겠다고 푸념하는 모습이 눈에 생생하지요?

조선 중기부터는 이렇게 생생하고 재미있는 사설시조가 이름 없는 작가에 의해서 많이 지어졌어요.

사설시조 작품들은 누가, 언제, 어떻게 지었는지 알 수 없어요. 다만 생활 속에서 맹순이와 같은 서민들이 사설시조를 짓고 불러 오늘날까지 전하고 있답니다.

서민들이 즐겨 지은 사설시조

백두 낭자·한라 도령과 함께 만나는 우리 운문 문학

서민들이 많이 지은 '사설시조'는 임진왜란 이후부터 지어졌어요. 한글이 널리 쓰이게 되면서 서민들도 글을 쓰고 시조를 짓게 된 거지요.

그래서 사설시조에는 서민의 생활이 생생하게 표현되어 있어요. 남녀 사이의 사랑 이야기, 남편 때문에 속상한 아내의 마음, 먹고살기 어려워 나라를 원망하는 백성의 한숨 등이 솔직하고 자유롭게 담겨 있지요.

또 사설시조는 풍자와 해학이 돋보여요. 풍자란 '무엇에 빗대어 재치 있게 깨우치거나 비판하는 것'을 말해요. 해학이란 '익살스럽고 풍자적인 말이나 몸짓, 유머'를 뜻하고요.

탈놀이나 판소리도 풍자와 해학이 넘치는 서민 예술이지요.

그럼 〈개야미 불개야미〉라는 사설시조를 감상해 볼까요?

개야미, 불개야미, 허리 부러진 불개야미,
앞발에 부스럼 나고 뒷발에 종기 난 불개야미가
광릉 샘고개 넘어 들어가, 호랑이 허리를 가로 물어 추켜들고,
북해를 건너갔다는 말이 있으니
임아, 임아, 백 사람이 백 가지 말을 하여도, 임께서 짐작하소서

사설시조는 고려 속요와 함께 대표적인 서민 문학이에요.

이 사설시조는 개미가 호랑이를 물고 바다를 건넜다는 우스꽝스럽고 어처구니없는 이야기에 빗대어, 남의 이야기를 무작정 믿지 말고, 직접 생각하여 판단하라는 교훈을 주고 있어요.

어때요? 양반들이 충성이나 효도를 주제로, 단어 하나하나를 갈고 다듬어 틀에 맞게 지은 평시조와는 무척 다르지요?

이처럼 사설시조는 풍자와 해학, 익살스럽고 소박한 입말, 서민들의 생활이 재미나게 담겨 있는 서민 문학이랍니다.

정철은 곧은 성품과 뛰어난 글 솜씨로 워낙에 소문이 자자했어요. 술은 또 얼마나 좋아하는지, 하루라도 술을 마시지 않으면 섭섭해서 못 견딜 정도였지요.

"술을 마셔 반쯤 취하면 입이 시를 저절로 읊고 손이 시를 저절로 받아 적는다네."

정철은 취한 채로 뛰어난 글을 많이 써 내었어요.

그러나 술을 너무 많이 마셔 실수를 할 때도 잦았지요. 그래서 어떤 사람들은 눈살을 찌푸리며 말했어요.

"정철은 술을 마시면 말을 함부로 해 곤란합니다."

"일할 때도 낮부터 술을 마셔 벌겋게 취해있더이다."

정철이 사람들의 입방아에 오르내리게 되자, 선조가 정철을 불러들였어요.

"이것을 받으시오."

선조는 정철에게 조그만 은잔을 하나 건넸어요. 정철은 영문도 모르고 두 손으로 넙죽 은잔을 받았지요.

곧이어 선조가 엄하게 말했어요.

"오늘부터는 술을 그 은잔에 따라 마시되, 하루 한 잔씩만 들도록 하시오."

정철은 속으로 뜨끔했어요.

'임금님도 너무하시지. 그 맛있는 술을 요 조그만 잔으로 한 잔씩만 마시라니…….'

집으로 돌아온 정철은 고민에 빠졌어요. 임금님의 말씀을 안 따를 수도 없고, 따르자니 목구멍이 간질간질하고, 어찌하는 게 좋을지 알 수가 없었어요. 그러다 번뜩 한 가지 생각을 해내고는 부리나케 하인을 불렀어요.

"여봐라, 망치를 가져오너라."

정철은 하인이 가져다준 망치로 은잔 안을 땅땅 쳐서 조금씩 크기를 늘렸어요. 결국 술잔이 대접만 하게 커진 다음에야 망치질을 멈추었지요.

"이렇게 잔을 늘려서 술을 마시면 임금님의 말씀을 거스르는 게 아니지. 아무렴, 그렇고말고."

정철은 흐뭇한 웃음을 지었어요. 사실 임금님이 술잔을 주신 속뜻은 술을 좀 줄이라는 거였는데 말이에요.

정철은 45살이 되던 해에 강원도에 관찰사로 가게 되었어요. 그동안 벼슬자리에서 물러나 고향 집에 머물러 있던 정철은 기뻐하며 외쳤어요.

"언제고 아름다운 금강산에 가 보리라 마음먹고 있었거늘, 임금님 덕에 이를 이룰 수 있게 되었구나!"

정철은 곧바로 한양으로 올라갔어요. 그리고 임금님에게 인사를 드리고 경복궁을 나오며 한 가지 결심을 했어요.

"관찰사로 가는 동안에 이곳저곳 유람하며 그 소감과 나의 각오를 한 편의 긴 노래로 만들어야겠다."

정철은 설레는 마음으로 노래의 첫 마디를 적었어요.

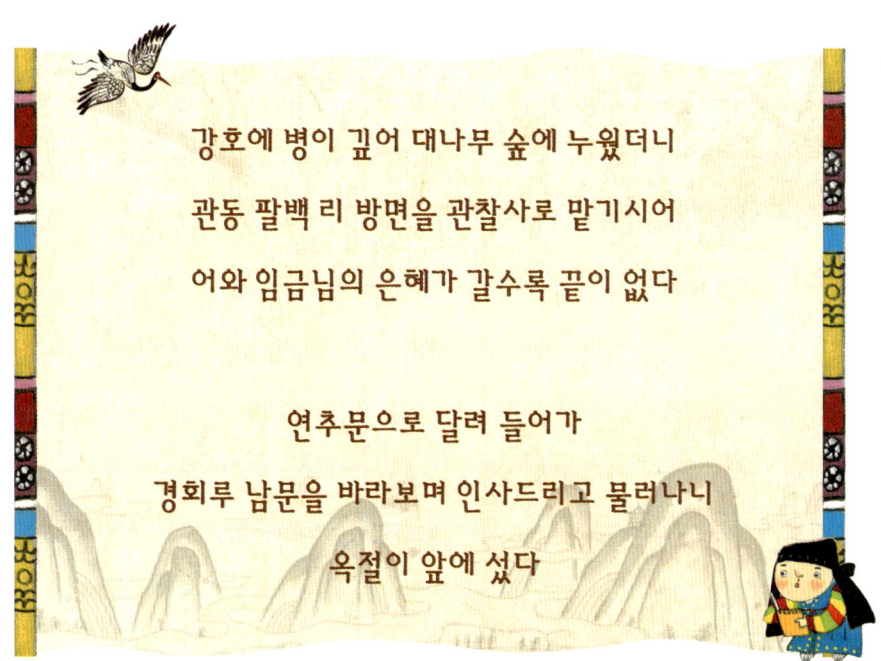

강호에 병이 깊어 대나무 숲에 누웠더니
관동 팔백 리 방면을 관찰사로 맡기시어
어와 임금님의 은혜가 갈수록 끝이 없다

연추문으로 달려 들어가
경회루 남문을 바라보며 인사드리고 물러나니
옥절이 앞에 섰다

    이것이 바로 그 유명한 〈관동별곡〉의 첫 시작 부분이에요. 여기서 강호(江湖)는 강과 호수를 뜻하는 말로, 넓게는 자연을 뜻해요. 관동 팔백 리는 강원도 대관령 동쪽 지역을 말하지요.
    이 부분을 풀이하면 다음과 같아요.

    자연을 사랑하는 마음이 깊어 고칠 수 없는 병이 되어,
대나무 숲 펼쳐져 있는 고향 집에서 세상을 피해 숨어
자연을 벗 삼아 즐기며 살고 있었더니,
임금님이 자연이 아름답기로 소문난 대관령 동쪽 팔백
리, 강원도 지방의 관찰사를 저에게 맡기셨습니다.
아아, 임금님의 은혜가 갈수록 끝이 없습니다.

    임금님 계신 경복궁의 서쪽 문인 연추문으로 급히 달려
들어가 임금님을 뵈옵고,

경회루 남쪽 문을 바라보며 임금님에게 작별인사를 드리고 어전을 물러 나오니,
눈앞에 강원도 관찰사에게 내리는 옥으로 된 신표가 떡 하니 보입니다.

정철은 강원도로 가는 중에도 틈틈이 임금님에 대한 고마움과 자신의 기쁜 마음, 관찰사로 열심히 일하겠다는 다짐을 줄줄이 써 내려갔어요.

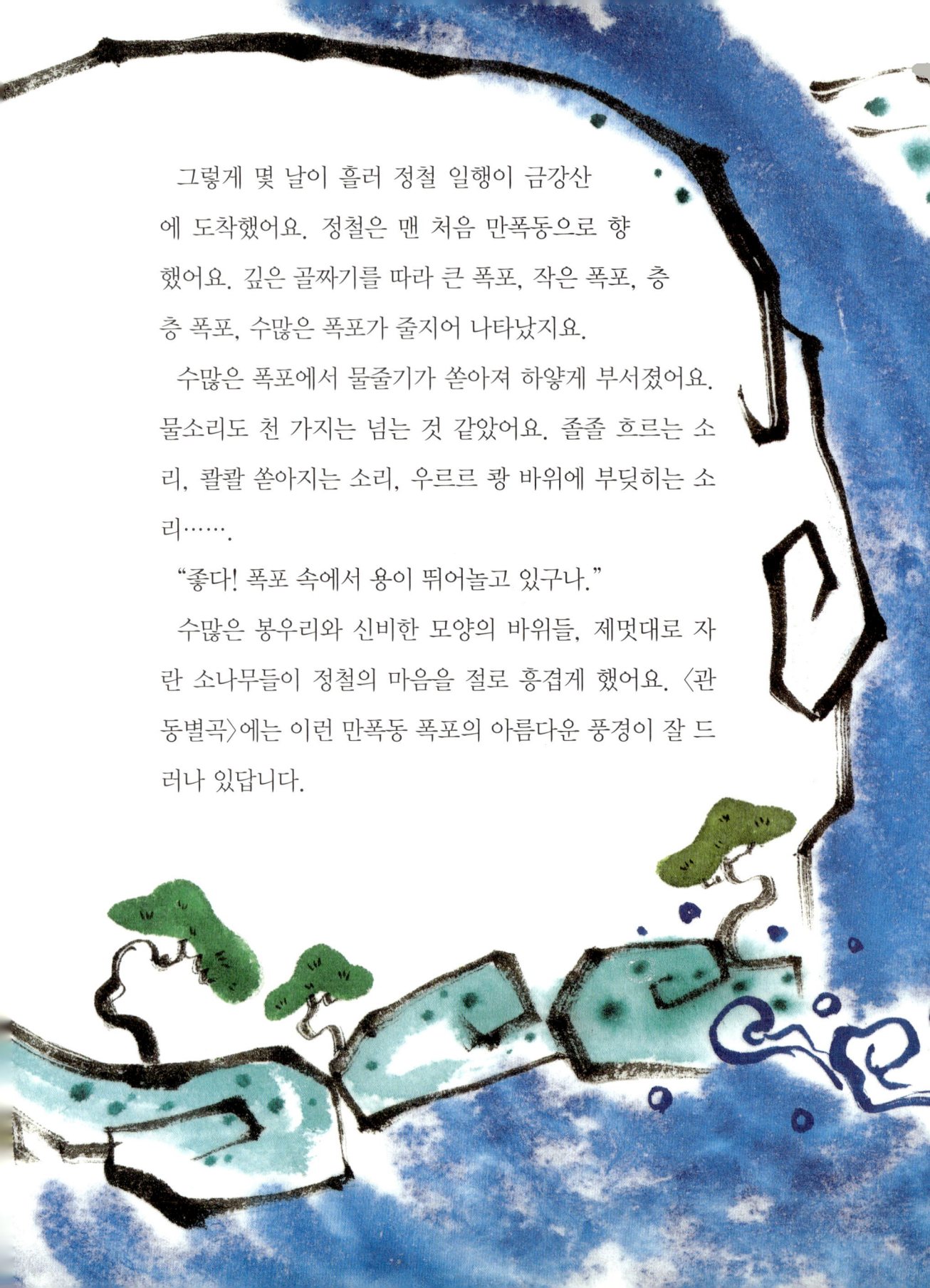

　그렇게 며칠이 흘러 정철 일행이 금강산에 도착했어요. 정철은 맨 처음 만폭동으로 향했어요. 깊은 골짜기를 따라 큰 폭포, 작은 폭포, 층층 폭포, 수많은 폭포가 줄지어 나타났지요.
　수많은 폭포에서 물줄기가 쏟아져 하얗게 부서졌어요. 물소리도 천 가지는 넘는 것 같았어요. 졸졸 흐르는 소리, 콸콸 쏟아지는 소리, 우르르 쾅 바위에 부딪히는 소리…….
　"좋다! 폭포 속에서 용이 뛰어놀고 있구나."
　수많은 봉우리와 신비한 모양의 바위들, 제멋대로 자란 소나무들이 정철의 마음을 절로 흥겹게 했어요. 〈관동별곡〉에는 이런 만폭동 폭포의 아름다운 풍경이 잘 드러나 있답니다.

백천동 곁에 두고 만폭동 들어가니
은 같은 무지개, 옥 같은 용의 꼬리
섯돌며 뿜는 소리 십 리에 잦앉으니
들을 때는 우레더니 보아하니 눈이로다

이 부분을 풀이하면 아래와 같아요.

백천동 골짜기 옆을 지나 만폭동 골짜기로 들어가니 세차게 쏟아지는 폭포가 보입니다.
은처럼 하얗게 반짝이는 폭포수가 무지개같이 쏟아지고, 옥으로 빚은 듯 맑고 푸른 폭포가 용의 꼬리처럼 힘

찬데, 그 폭포들이 섞이어 돌며 어찌나 우렁찬 소리를 내던지, 그 소리가 십 리 밖까지 울려 퍼집니다.
멀리서 폭포 소리를 들을 때는 꼭 우레와 같이 느껴졌는데, 가까이서 보니 아래로 떨어져 하얗게 부서지는 모습이 꼭 흰 눈이 날리는 것 같습니다.

정철은 아름답다 소문난 금강산의 명소를 찾아다닌 다음, 관동팔경을 두루 돌아 망양정에 도착했어요.
정철은 동해가 훤히 내려다보이는 망양정에 앉아 향기 그윽한 술을 마시며 달이 뜨기를 기다렸어요. 이윽고 바다에서 희고 둥근 달이 떠오르자, 경치가 더욱 아름답게 변했어요.
한 잔, 두 잔 술잔을 기울이던 정철이 머리 위에서 환하게 빛나는 국자 모양의 북두칠성을 보며 중얼거렸어요.

"저걸로 술을 떠 마시면 그 맛이 기가 막힐 터인데!"
정철의 입에서 술술 노래가 흘러나왔어요.

북두칠성 기울여 푸른 바닷물 부어 내어

저 먹고 날 먹이거늘 서너 잔 기울이네

따뜻한 봄바람이 산들산들 하여 양 겨드랑이를 추켜드니

구만리 먼 하늘도 자칫하면 날겠구나

이 술 가져다가 온 세상에 고루 나누어

온 백성을 다 취하게 한 후에

그제야 다시 만나 또 한잔하자꾸나

이 부분을 풀이하면 아래와 같아요.

신선이 북두칠성 국자를 기울여 푸른 동해 바닷물로 만든 신선주를 술잔에 붓더니,
자기가 먼저 마시고 나에게도 권하여 술을 서너 잔 주고받으며 마셨습니다.
마침 따뜻한 봄바람이 산들산들 불어와 얼큰히 취해 있는 나의 양 겨드랑이를 추켜올리니,
술에 취한 탓인지 아무리 멀고 먼 하늘도 훨훨 날 수 있을 것만 같습니다.

후손들이 정철을 기리기 위해 세운 담양의 송강정이에요.

이렇게 좋은 기분을 백성들과 함께 즐기고 싶은 생각에
얼른 신선에게 말했습니다.
"신선이여,
푸른 바닷물로 만든 술은 끝도 없을 터이니
이 술을 가져다가 온 세상에 골고루 나누어 주어
모든 백성을 다 취하게 한 다음에
잊지 말고 다시 만나 또 한잔 하자꾸나."

  노래 속에서 술을 사랑하는 정철의 마음은 백성을 사랑하는 마음으로 이어지지요. 또 술을 통해 생겨난 유쾌한 상상이 노래를 더욱 아름답게 완성하고요.
  그래서일까요? 정철이 지은 〈관동별곡〉은 조선 시대 최고의 가사 문학으로 손꼽히며 많은 사람의 사랑을 받았답니다.

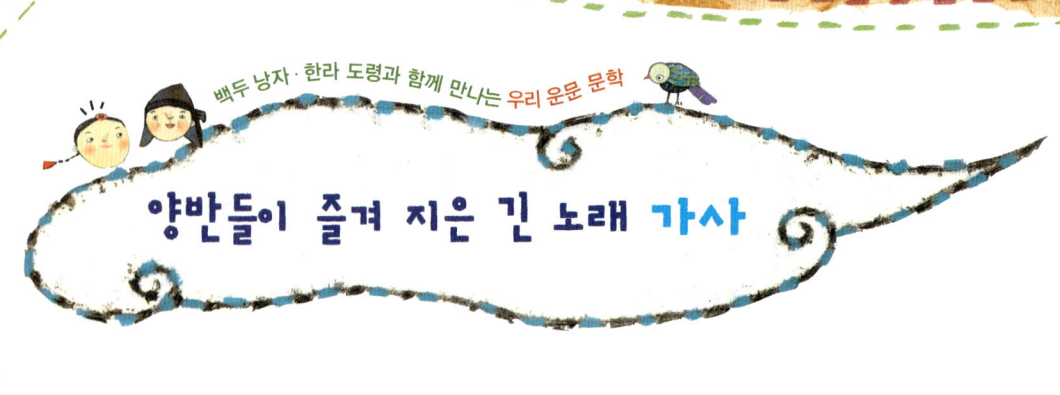

양반들이 즐겨 지은 긴 노래 가사

'가사'는 고려 말에 유행했던 경기체가의 뒤를 이어 양반들이 즐겨 지은 긴 노래예요. 가사가 나오며 경기체가는 점점 사라졌어요.

가사는 경기체가와는 다르게 연이 나뉘지 않고, 행이 처음부터 끝까지 죽 이어져 있어요. 또 별다른 후렴구도 없지요.

그럼 최초의 가사로 널리 알려진 〈상춘곡〉의 앞부분을 감상해 볼까요?

> 티끌 같은 세상에 묻혀 사는 분들이여, 나의 삶이 어떠한가
> 옛사람들의 멋스러운 생활에 미칠까 못 미칠까
> 세상에 남자로 태어난 나와 같은 이 많건마는
> 산속에 묻혀 사는 지극한 즐거움을 어찌 모르는가
> 두세 칸 초가집을 맑은 시냇가 앞에 지어 놓고
> 소나무 대나무 울창한 속에 자연을 즐기는 사람이 되었어라

〈상춘곡〉은 모두 79행으로 이루어져 있어요.

〈상춘곡〉은 정극인이라는 양반이 벼슬을 그만두고 자연 속에 묻혀 살며 느끼는 즐거움을 노래하고 있어요.
어때요? 가사가 운문이라고는 하지만, 산문과도 비슷하지요?

가사는 이처럼 형식이 비교적 자유로워서, 양반 계급의 부녀자들도 즐겨 지었어요. 이를 '규방 가사'라고 하지요.

규방 가사에는 현모양처의 도리, 시집살이의 괴로움, 시집간 딸이 부모를 그리워하는 마음, 자유롭게 살지 못하는 여자의 슬픔 등 조선 시대 여성들의 생활과 마음이 잘 드러나 있어요.

하지만 당시에는 여자들이 마음대로 글을 쓸 수 없었어요. 그래서 훌륭한 작품을 짓고도 이름을 숨겨야만 했지요. 그래서 오늘날 전해 오는 규방 가사 중에는 작가의 이름을 알 수 없는 작품이 많답니다.

> 양반 여성들이 즐겨 지은 규방 가사는 이렇게 두루마리에 적혀 전해지는 경우도 많아요.

해녀들의 입에서 입으로 전해진 노래

이어도 타령

옛날 제주도에 점순이라는 젊은 해녀가 살았어요. 점순이는 어머니도 해녀였고, 할머니도 해녀였어요. 할아버지는 어부였고, 아버지도 어부였고, 남편도 어부였어요. 제주도 바닷가에 사는 사람들은 대부분이 이렇게 어부였고 해녀였어요.

점순이네 부부는 둘 다 부지런했어요. 남편은 먼바다도 마다치 않고 물고기를 잡으러 나갔어요. 점순이도 매일 바닷속으로 잠수해 들어가 전복도 캐고 미역도 캐고 문어도 잡았어요. 점순이네 부부는 어여쁜 아기도 낳고 행복하게 살았지요.

그러던 어느 날 배를 타고 물고기를 잡으러 나간 남편이 돌아오지 않았어요. 함께 고기잡이를 갔던 다른 어부들은 모두 돌아왔는데 말이에요. 돌아온 어부가 말했어요.

"갑자기 바람이 거세지고, 장대비가 좍좍 쏟아지고, 파도가 넘실대서 정신이 없었다오."

다른 어부들도 말했어요.

"분명히 가까이에 섬이 있는 걸 봤는데……. 섬이 그냥 한순간에 사라져 버렸소."

"이어도를 발견한 게 틀림없소."

"이어도요?"

　이어도는 오래전부터 입에서 입으로 전해 내려오는 환상의 섬이에요. 먹을 것 걱정이 없고 여자들만 사는 낙원이라고 하지요. 이어도는 폭풍우가 심하게 몰아치는 날에만 스르르 나타난다고 해요. 그러니 점순이 남편도 이어도를 발견해 그 섬에 들어간 게 아니겠느냐는 거였어요.

　점순이가 입술을 깨물며 말했어요.

"그이는 꼭 돌아올 거예요."

　그때부터 점순이는 틈만 나면 바다를 보았어요.

"어제는 안 오셨는데 오늘은 오시려나."

　하루, 이틀, 사흘, 한 달, 두 달, 석 달이 흘렀어요. 남편은 돌아오지 않고, 아기는 무럭무럭 커 갔어요.

아기를 혼자 키워야 하니 일도 전보다 많이 해야 했어요. 아침에는 바다에 나가 호미로 미역을 캤어요. 집에 돌아와서는 아기를 담은 아기 구덕을 등에 지고 밭으로 나갔어요. 아기 구덕은 대나무로 만든 요람인데, 제주도에서는 모두 이런 요람에 아기를 키웠어요. 집에서도 밖에서도 가까이에 아기를 눕혀 놓고 일할 수 있으니까요.

점순이는 나무 그늘에 아기 구덕을 내려놓고 열심히 일을 했어요. 아기가 응애응애 울면 구덕을 살살 흔들어 달래며 자장가를 불러 주었어요.

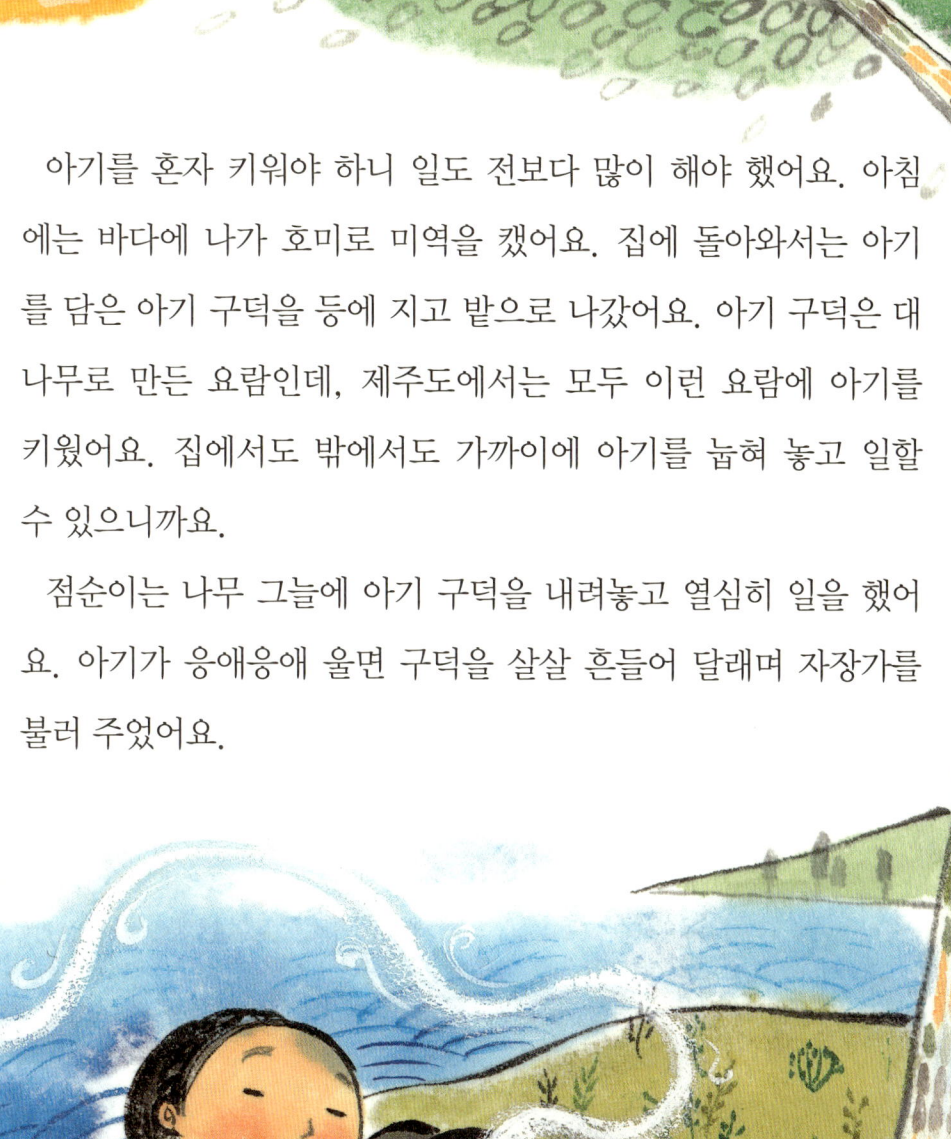

윙이자랑 윙이자랑, 우리 애기 잘도 잔다

저래 가는 검둥개야, 이리 오는 검둥개야

우리 아기 잘도 잔다, 윙이자랑 윙이자랑

점심때가 되자 건넛집에 사는 덕우 엄마가 막걸리 한 동이를 들고 찾아와 아기 구덕 옆에 앉았어요.

"점순아, 김치 좀 담아 와. 한숨 돌리고 일하게."

점순이가 집에서 김치를 들고 나왔어요. 한 잔, 두 잔 마시

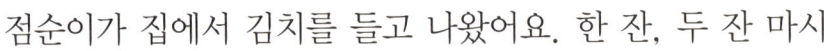

다 보니 얼굴은 발그레하게 물들고 머리는 알딸딸해졌어요.

점순이가 쓸쓸하게 중얼거렸어요.

"그이는 잘 있겠죠? 이러다 영영 안 돌아오면 어쩌죠?"

"돌아오려고 하겠어? 먹을 거 걱정할 필요도 없지, 사방에는 여자들이지, 이어도에서 뭐가 아쉬워 돌아와?"

덕우 엄마는 막걸리를 쭉 들이마시고는 말을 이었어요.

"그나저나 우리 덕우랑은 만났으려나……."

덕우도 2년 전에 바다로 나가 돌아오지 않았어요. 덕우 엄마는 덕우가 이어도에서 행복하게 살고 있을 거라고 믿고 있어요.

"못된 놈. 어미 가슴에 못 박아 놓고 저는 아주 떵떵거리고 잘살고 있을 거야."

점순이 눈에서 주르르 눈물이 흘렀어요.

"그이도 나랑 아기는 까맣게 잊고 행복하게 살고 있을까요? 나랑 아기는 어찌 살라고, 어찌 살라고……."

덕우 엄마가 흐느끼는 점순이의 등을 두드려 주었어요. 그러고는 가만히 〈이어도 타령〉을 부르기 시작했어요.

"이엿사나 이여도사나, 이엿사나 이여도사나."

이내 점순이도 덕우 엄마를 따라 부르기 시작했어요. 두 사람의 노랫소리가 바람을 타고 아스라이 퍼져 나갔어요.

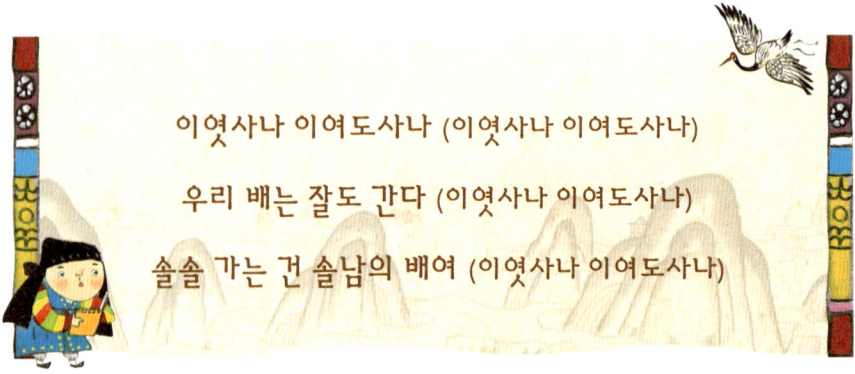

이엿사나 이여도사나 (이엿사나 이여도사나)

우리 배는 잘도 간다 (이엿사나 이여도사나)

솔솔 가는 건 솔남의 배여 (이엿사나 이여도사나)

잘잘 가는 건 잡남의 배여 (이엿사나 이여도사나)

어서 가자 어서 어서 (이엿사나 이여도사나)

목적지에 들여 나가자 (이엿사나 이여도사나)

......

낙락장송 늘어진 가지 (이엿사나 이여도사나)

홀로 앉은 우녀는 새야 (이엿사나 이여도사나)

내 님 좋은 영혼이언가 (이엿사나 이여도사나)

날곳 보면 시시로 운다 (이엿사나 이여도사나)

시집 삼 년 남의 첩 삼 년 (이엿사나 이여도사나)

언 삼 년을 살았다마는 (이엿사나 이여도사나)

열두 폭의 도당치매 (이엿사나 이여도사나)

눈물로다 여무왔드다 (이엿사나 이여도사나)

......

〈이어도 타령〉은 언제 누가 지었는지 알 수 없지만, 제주도 지역에서 예부터 입에서 입으로 전해지는 '구전 민요'예요. 그래서 노랫말 속에는 제주도 방언이 섞여 있지요.

특히 제주도 해녀들은 배를 타고 바다로 나갈 때 이 노래를 불렀어요. '이엿사나 이여도사나' 하는 노랫말은 배의 노를 저을 때 내는 후렴구라고 해요.

후렴구를 빼고 노랫말을 좀 더 쉽게 풀이하면 다음과 같아요.

우리 배는 잘도 간다. 솔솔 가는 건 소나무로 만든 배고, 잘잘 가는 건 잣나무로 만든 배로구나. 어서 가자 어서 가자, 목적지에 빨리 닿게 어서 노를 저어 나아가자.
……

큰 소나무의 늘어진 가지 위에 홀로 앉아 우는 새야! 너는 내 남편의 영혼인가, 나를 보면 자꾸만 우는구나. 매운 시집살이 삼 년, 남의 첩살이 삼 년, 힘들고 고된 생활을 몇 년이나 참고 살아왔지만, 그동안 흘린 눈물을 닦느라 열두 폭 긴 치마가 다 젖었구나.
……

소나무 가지에 홀로 앉아 우는 새가 있어요. 여인은 그 새가 남편이라고 생각해요. 남편의 영혼이 새가 되어 자신을 찾아온 것

제주도 해녀들이 생활의 터전인 바다를 향해 가고 있어요.

만 같거든요. 그러니 새가 우는 것이 꼭 혼자 남겨진 자신을 보고 슬퍼하는 남편의 울음처럼 들려요. 남편이 운다고 생각하니, 그게 또 슬퍼 여인은 눈물을 흘리고 한숨을 지어요.

매운 시집살이를 하면서도 남편이 있어 참고 살았어요. 그런데 바다로 고기잡이를 떠난 남편이 영영 돌아오지 않으니, 여인의 마음은 오죽할까요.

배를 타고 고기잡이 나간 남편, 아들, 아버지가 거센 파도를 만나 돌아오지 못하는 사고를 당하는 건 제주도 여인이라면 누구나 겪을 수밖에 없는 일이었어요. 살았는지 죽었는지 확인할 길은 없었지만, 여인들은 이들을 죽었다고 생각하는 대신 이어도로 갔다고 생각했어요. 그래도 이어도라는 섬에서 남편이, 아들이, 아버지가 살고 있다 생각하면 힘든 세상살이를 견디기가 조금 더 쉬웠어요. 언젠가는 그들이 웃으며 돌아올지도 모른다는 희망을 품을 수 있었으니까요.

〈이어도 타령〉은 힘든 삶을 견디고 희망을 찾는 제주도 여인네들의 노래로, 어머니에게서 딸에게로, 딸에게서 손녀에게로 이어져 오늘날까지 전해지고 있답니다.

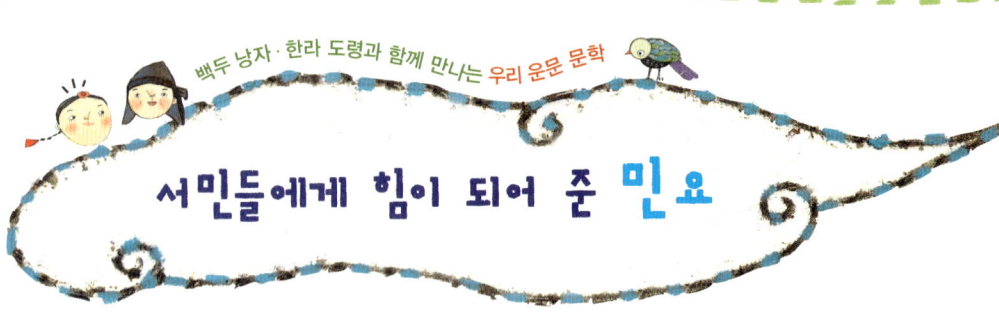

서민들에게 힘이 되어 준 민요

'민요'는 입에서 입으로 전해진 우리 노래예요. 억지로 가르친 것도 아니고, 악보로 기록해 전한 것도 아니에요. 그저 백성들이 귀에 익은 가락을 흥얼흥얼 하며 자연스럽게 전하며 이어졌지요. 민요는 대부분 같은 가락을 반복해 노랫말만 바꾸어 부르기 때문에 노래를 외우기가 무척 쉽답니다.

옛사람들은 일할 때도, 놀 때도, 장례 같은 의례를 치를 때도 그에 맞는 민요를 불렀어요. 특히 우리 민요에는 일할 때 부르던 '노동요'가 많아요. 힘든 일을 할 때에 함께 노래를 부르면, 리듬에 맞춰 동작을 맞출 수도 있고, 또 흥이 돋아 즐겁게 일할 수 있었으니까요.

우리 조상들은 밭갈이, 모내기, 김매기, 타작하기 등 힘든 농사일이나 멸치잡이, 갈치잡이, 노 젓기, 해녀 잠수질 등 고된 바다 일을 할 때에 노래를 불렀어요. 또 빨래할 때에도, 바느질할 때에도, 가마를 멜 때에도 노래를 흥얼거렸어요.

그럼 '옹헤야'라는 후렴으로 유명한 〈보리타작노래〉를 살펴볼까요?

이 민요는 경상도에서 널리 불리던 노동요예요.

옹헤야 (옹헤야) 어절씨구 (옹헤야)
저절씨구 (옹헤야) 잘도 헌다 (옹헤야)
에에헤헤 (옹헤야) 어절씨구 (옹헤야) 잘도 한다 (옹헤야)
철뚝 너머 (옹헤야) 메추리란 놈이 (옹헤야)
보리밭에 (옹헤야) 알을 낳네 (옹헤야)
에에헤헤 (옹헤야) 어절씨구 (옹헤야) 잘도 한다 (옹헤야)

한 사람이 노래를 메기면 여러 사람이 옹헤야로 힘차게 받으면서 보리타작을 하는 모습을 상상해 보세요. 절로 힘이 솟아 힘든 보리타작도 즐겁게 할 수 있었겠지요?

'옹헤야' 하는 소리와 함께 힘차게 도리깨질을 하며 보리낟알을 털었답니다.

교과가 튼튼해지는
우리 것 우리 얘기

부록

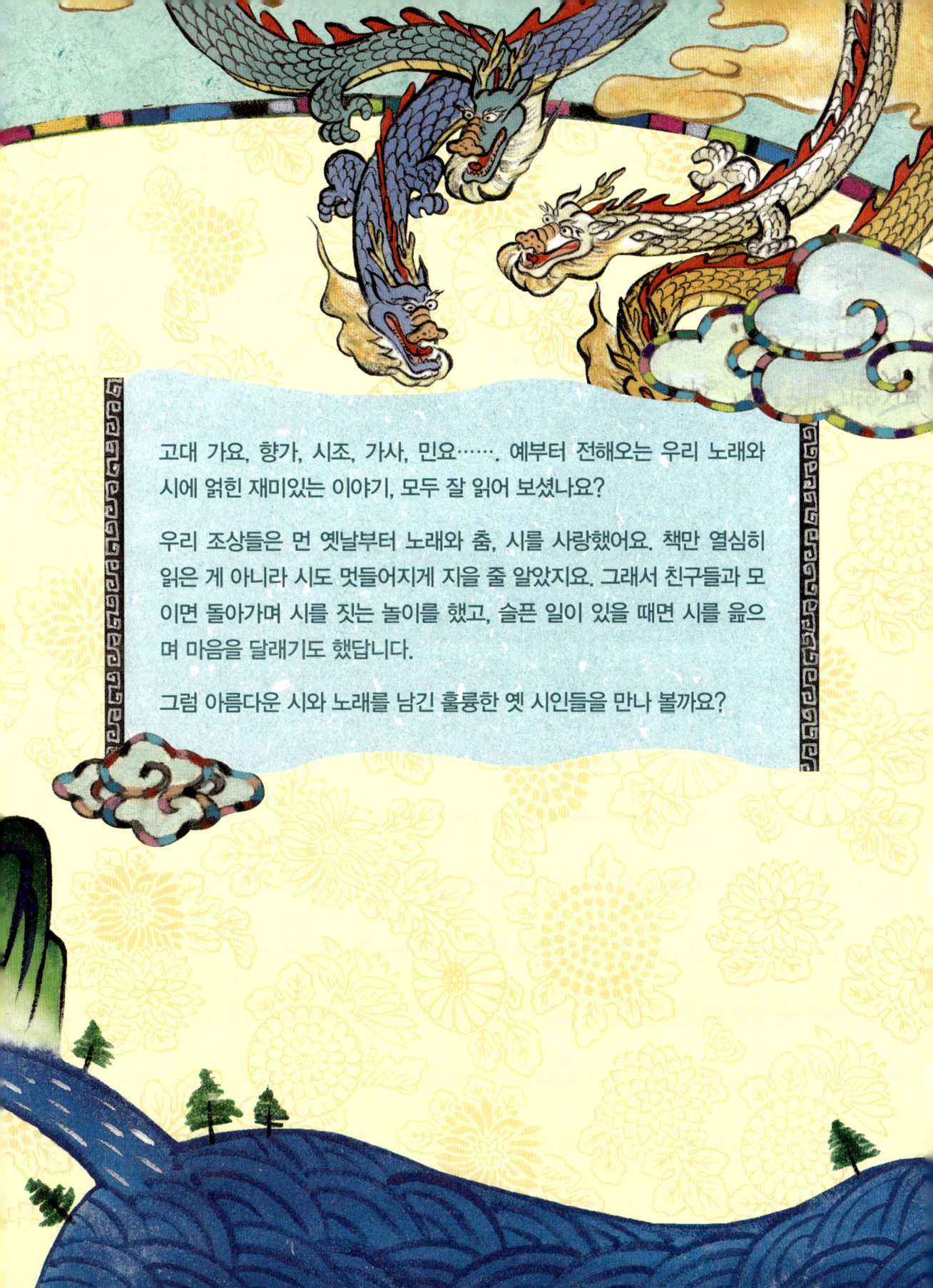

고대 가요, 향가, 시조, 가사, 민요……. 예부터 전해오는 우리 노래와 시에 얽힌 재미있는 이야기, 모두 잘 읽어 보셨나요?

우리 조상들은 먼 옛날부터 노래와 춤, 시를 사랑했어요. 책만 열심히 읽은 게 아니라 시도 멋들어지게 지을 줄 알았지요. 그래서 친구들과 모이면 돌아가며 시를 짓는 놀이를 했고, 슬픈 일이 있을 때면 시를 읊으며 마음을 달래기도 했답니다.

그럼 아름다운 시와 노래를 남긴 훌륭한 옛 시인들을 만나 볼까요?

훌륭한 옛 시인들

훌륭한 옛 시인들의 인생 이야기와 그들이 남긴 아름다운 노래를 통해 우리 조상들의 낭만적이고 멋스러운 삶의 모습을 느껴 보아요.

 ### 사랑을 노래한 고구려의 유리왕

유리왕은 주몽의 아들이자 고구려의 두 번째 왕이에요. 유리왕에게는 화희와 치희라는 두 명의 왕비가 있었어요. 그런데 두 왕비는 서로 사이가 나빴는데, 유리왕이 없는 틈에 치희가 집으로 돌아가 버리고 말았어요. 유리왕은 이 말을 듣고 말을 달려 뒤를 쫓아갔지만, 치희는 다시 돌아오지 않았지요.

유리왕이 슬퍼하며 말을 돌려 돌아오는데, 마침 꾀꼬리 한 쌍이 날아와 노니는 것을 보고 〈황조가〉를 지었다고 해요. 황조는 꾀꼬리를 일컫는 말이랍니다.

황조가

펄펄 나는 꾀꼬리는
암수 서로 즐기는데
외로운 이 내 몸은
뉘와 함께 돌아갈까

 신라의 천재 시인 최치원

최치원은 통일 신라 시대 학자이자 시인이에요. 12살에 당나라로 유학을 가, 18세에 장원 급제를 해 관직에 올랐어요. 최치원은 훌륭한 문장가로 당나라에서 이름을 떨쳤지요.
신라로 돌아온 최치원은 큰 뜻을 품고 정치 개혁을 추진했지만, 귀족들의 반대에 부딪혔어요. 뜻을 이루지 못하자 최치원은 벼슬을 버리고 산으로 들어가 버렸어요. 그리고 영영 세상에 나오지 않았다고 해요.
최치원이 지은 수많은 한시는 여러 사람에게 큰 감동과 영향을 주었어요. 아래의 시는 최치원의 〈가을밤 비는 내리고〉라는 시랍니다.

가을밤 비는 내리고

가을바람에 괴롭게 시를 읊네
세상에 나를 알아주는 사람이 적구나
창밖에 밤이 깊도록 비가 내리고
등불 앞 마음은 만 리 밖을 향하네

최치원은 당나라 황제가 인정할 만큼 글솜씨가 뛰어났어요.

함양 상림은 1,100년 전 최치원이 이곳 태수로 있으면서 홍수를 막기 위해 만든 우리나라 최초의 인공 숲이에요.

고려의 훌륭한 문장가 김부식

김부식은 고려 중기의 유학자이자 정치가, 또 뛰어난 문장가였어요.

김부식은 묘청의 난을 진압해 큰 공을 쌓았어요. 하지만 반란을 진압하면서 맞수인 정지상을 죽여야 했지요. 정지상은 그 시대 김부식과 함께 쌍벽을 이루는 문장가였어요. 사람들은 '시는 정지상이 뛰어나고, 산문은 김부식이 뛰어나다'라고 평가했지요. 그래서 어떤 사람들은 김부식이 정지상의 글솜씨를 시기하여 일부러 죽였다고 수군대기도 했어요.

정지상이 죽고 여러 날이 지난 어느 봄날이었어요. 김부식은 "버들 빛은 천 가닥 실처럼 푸르고, 복사꽃 일만 송이가 붉기도 하구나." 하고 시를 지었어요. 그러자 죽은 정지상의 귀신이 나타나 김부식의 뺨을 때리며 이렇게 꾸짖었다고 해요.

"김부식 네가 버들가지가 천 가닥인지, 복사꽃이 만 송이인지 세어 봤느냐? '가닥가닥 푸르고, 송이송이 붉구나.'라고 해라!"

그렇게 해서 〈봄날〉이라는 시가 지어졌다고 해요.

김부식은 ≪삼국사기≫를 지은 역사가이기도 해요.

김부식은 유교, 불교, 역사에 밝은 박학다식한 문장가였어요.

봄날

버들 빛은 가닥가닥 푸르고
복사꽃은 송이송이 붉구나

조선의 여류 시인 황진이

황진이는 조선 시대 송도(지금의 개성)의 시인이자 기생이에요. 당시 송도에는 세 가지 유명한 것이 있었는데, 높은 학문으로 존경받던 화담 서경덕, 아름다운 풍경으로 유명한 박연 폭포, 그리고 바로 황진이였지요. 이 셋을 두고 '송도삼절'이라고 불러요.

황진이는 어렸을 때부터 문장에 뛰어나 시를 잘 지었어요. 비록 신분이 낮은 기생이었지만, 뛰어난 학식과 예술성으로 선비들과도 당당히 시를 겨루었지요. 황진이는 한시도 잘 짓고, 우리말을 아름답게 살린 시조도 잘 지었답니다.

다음은 황진이가 지은 시조 두 편이에요. 함께 감상해 볼까요?

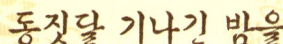
동짓달 기나긴 밤을

> 사랑하는 사람을 기다리는 간절한 마음이 잘 드러나 있어요.

동짓달 기나긴 밤의 한가운데를 베어 내어
봄바람처럼 따뜻한 이불 속에 서리서리 넣어 두었다가
정든 임이 오신 밤이면 굽이굽이 펼쳐 내리라

> 황진이는 박연 폭포에서 풍류를 즐기며 아름다운 시조를 남겼어요.

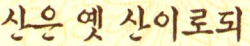
산은 옛 산이로되

산은 옛 산이로되 물은 옛 물이 아니로다
밤낮으로 흐르니 옛 물이 그대로 있겠는가
사람도 물과 같아서 가고 아니 오는구나

〈오십 빛깔 우리 것 우리 얘기〉 시리즈
권별 교과 연계표

- 국 국어　사 사회　과 과학　도 도덕　음 음악　미 미술
- 체 체육　실 실과　바 바른 생활　슬 슬기로운 생활　즐 즐거운 생활

- 신 나는 열두 달 명절 이야기　　사 3–2　사 5–1　사 5–2　슬 1–2
- 관혼상제 재미있는 옛날 풍습　　국 1–2　국 4–1　사 3–2　사 5–2
- 조상들은 어떤 도구를 썼을까　　국 2–2　사 3–1　사 5–1　사 5–2
- 옛날엔 이런 직업이 있었대요　　국 5–2　국 6–2　사 3–1　사 4–2
- 꼭 가 보고 싶은 역사 유적지　　국 4–1　국 4–2　사 6–1　사 6–2
- 신토불이 우리 음식　　국 3–1　사 3–1　사 5–1　사 6–2
- 어깨동무 즐거운 우리 놀이　　국 4–1　사 5–2　체 4　즐 2–2
- 나라를 다스린 법 백성을 위한 제도　　사 3–2　사 4–1　사 6–1　사 6–2
- 하늘을 감동시킨 효자 이야기　　도 3–1　도 5　바 1–1　바 2–2
- 오천 년 지혜 담긴 건물 이야기　　국 4–1　국 4–2　사 5–1　사 5–2
- 세계가 놀란 발명 이야기　　국 3–1　국 5–2　사 3–1　사 5–2
- 빛나는 보물 우리 사찰　　국 4–1　사 6–2　바 2–2
- 나라의 자랑 국보 이야기　　국 5–2　사 6–1　사 6–2　바 2–2
- 나라를 지킨 호랑이 장군들　　국 4–2　사 6–1　사 6–1　바 2–2
- 오천 년 우리 도읍지　　국 4–1　사 5–2　사 6–1
- 하늘이 내린 시조 임금님들　　국 6–2　사 5–2　사 6–1　바 2–2
- 옛날 관청과 공공시설　　사 3–1　사 3–2　사 6–1　사 6–2
- 옛사람들의 우정 이야기　　국 4–1　국 6–2　도 3–1　바 1–1
- 얼쑤 흥겨운 가락 신 나는 춤　　국 6–1　국 6–2　사 3–1　음 3
- 아름다운 독도와 우리 섬　　국 2–1　국 4–1　국 5–2　사 4–1
- 오천 년 우리 강 이야기　　사 3–2　사 5–1

- 생명의 보물 창고 우리 생태지 　　국 2-1　국 4-2　사 6-1　과 5-2
- 우리가 지켜야 할 천연기념물 　　국 2-1　과 3-2　과 4-1　과 5-2
- 놀라운 발견 생활의 지혜 　　국 2-1　국 2-2　사 3-1　사 5-1
- 옛사람들의 교통과 통신 　　사 3-2　사 4-1　사 5-2
- 민족의 영웅 독립운동가 　　국 6-2　사 6-1　바 2-2
- 교과서 속 우리 고전 　　국 3-1　국 4-2　국 5-1　국 6-2
- 우리 국토 수놓은 식물 이야기 　　국 1-1　국 5-1　과 4-2　바 1-2
- 우리 조상들의 신앙생활 　　국 5-2　사 3-2　사 5-2　사 6-1
- 안녕 꾸러기 친구 도깨비야 　　국 2-2　국 3-1　국 4-1　사 3-2
- 빛나는 솜씨 뛰어난 재주꾼들 　　국 4-2　사 6-1　음 4　미 3, 4
- 아름다운 궁궐 이야기 　　국 4-1　사 6-1　미 5　바 2-2
- 전설 따라 팔도 명산 　　국 2-1　국 2-2　사 5-1　음 6
- 방방곡곡 우리 특산물 　　사 3-1　사 4-1　사 5-2
- 수수께끼를 간직한 자연과 문화 　　국 4-1　사 5-2　바 2-2
- 알쏭달쏭 열두 띠 이야기 　　국 3-1　사 3-2　사 5-2　사 6-1
- 천하제일 자린고비 이야기 　　국 6-2　사 4-2　도 5　실 5
- 본받아야 할 우리 예절 　　국 3-2　도 4-1　도 5　바 2-1
- 이야기가 술술 우리 신화 　　국 1-2　국 6-2　사 3-2　사 5-2
- 머리에 쏙쏙 선조들의 공부법 　　국 4-1　국 4-2　국 6-2　도 3-1
- 역사를 빛낸 여자의 힘 　　사 6-1　바 2-2
- 신명 나는 우리 축제 　　사 3-1　사 4-1
- 우리가 알아야 할 북한 문화재 　　국 4-2　사 5-1　바 2-2
- 조상들의 지혜 전통 의학 　　사 5-1　사 5-2　과 5-2
- 큰 부자들의 경제 이야기 　　사 3-2　사 4-2　사 5-2　슬 2-2
- 멋스러운 옛시조 흥겨운 우리 노래 　　국 3-1　국 4-1　국 5-1　국 6-1
- 봄 여름 가을 겨울 24절기 　　사 5-1　사 6-1　과 6-2　슬 6-2
- 멋스러운 우리 옛 그림 　　국 4-2　사 6-1　미 3, 4　미 5
- 나누는 즐거움 우리 공동체 　　도 4-1　바 2-2
- 정다운 우리나라 동물 이야기 　　국 2-1　국 2-2　국 6-1　과 3-2

오십 빛깔 우리 것 우리 얘기 46
멋스러운 옛시조 흥겨운 우리 노래

초판 1쇄 인쇄 | 2012년 1월 20일
초판 1쇄 발행 | 2012년 1월 30일

글쓴이 | 우리누리
그린이 | 홍우리

발행인 | 김우석
편집장 | 신수진
책임 편집 | 이정은
편집 | 최은정
마케팅 | 공태훈, 김동현, 이진규

디자인 | 디자인꾼
인쇄 | 성전기획

발행처 | 중앙북스
등록 | 2007년 2월 13일 제 2-4561호
주소 | (100-732) 서울시 중구 순화동 2-6번지
편집문의 | (02)2000-6324
구입문의 | 1588-0950
팩스 | (02)2000-6174
홈페이지 | www.joongangbooks.co.kr

ⓒ 우리누리 2012

ISBN 978-89-278-0141-2 14800
      978-89-278-0092-7 14800(세트)

이 책은 중앙북스(주)가 저작권자와의 계약에 따라 발행한 것이므로
이 책 내용의 일부 또는 전부를 이용하려면 반드시 중앙북스(주)의 서면 동의를 받아야 합니다.

• 많은 사람이 최선을 다해 만든 책입니다.
  그러나 혹시라도 잘못된 내용이 있으면 편집부로 연락바랍니다.
• 잘못 만들어진 책은 구입하신 서점에서 교환해 드립니다.
• 주니어중앙은 중앙북스의 어린이 책 브랜드입니다.

＊주니어중앙 카페에서 이 책과 관련된 독후활동 자료를 무료로 다운 받으실 수 있습니다.
  http://cafe.naver.com/jbookskid